Simon Nora
Alain Minc

L'Informatisation de la société

Rapport à M. le Président de la République

D0993341

La Documentation française

© La Documentation française, Paris, 1978.

ISBN 2-11-000157-7 (La Documentation française).
ISBN 2-02-004974-0 (Éditions du Seuil).

Le Président de la République

Paris, le 20 décembre 1976

Monsieur l'Inspecteur Général,

Le développement des applications de l'informatique est un facteur de transformation de l'organisation économique et sociale et du mode de vie : il convient que notre société soit en mesure, à la fois, de le promouvoir et de le maîtriser, pour le mettre au service de la démocratie et du développement humain.

Lors du Conseil restreint du 22 avril 1975, la décision a été prise de mandater une personnalité pour diriger une Commission chargée de proposer au Gouvernement les orientations souhaitables en la matière.

Sachant l'intérêt personnel que vous portez à ces questions, je souhaite vous confier une mission d'exploration consistant, d'une part, à faire progresser la réflexion sur les moyens de conduire l'informatisation de la société, et, d'autre part, à déterminer avec plus de précision le champ de l'étude et la nature du mandat à confier à une éventuelle Commission.

3

Je vous demande donc de bien vouloir me remettre sur ce sujet, au cours des prochains mois, un rapport, pour l'élaboration duquel vous bénéficierez naturellement du concours des services compétents, et notamment de ceux qui relèvent de l'autorité du ministre de l'Industrie et de la Recherche, ainsi que du soutien matériel et administratif du ministère de l'Economie et des Finances.

Je vous prie d'agréer, Monsieur l'Inspecteur Général, l'assurance de ma considération distinguée.

Valéry Giscard d'Estaing

Monsieur Simon Nora
Inspecteur Général des Finances

Paris, le 20 janvier 1978

Monsieur le Président de la République,

Vous avez bien voulu me confier une mission d'exploration destinée « à faire progresser la réflexion sur les moyens de conduire l'informatisation de la société ».

Apprécier les effets d'une révolution technologique sur la société est une vieille ambition. S'y essayer à propos de l'informatique, et dans la perspective d'une action, oblige à consentir des partis-pris.

Le choix des thèmes retenus est orienté par la vocation de ce travail : mettre le pouvoir politique en mesure de se prononcer sur des recommandations et de créer, s'il les approuve, les instruments de son intervention. Il s'agit aussi d'éveiller l'attention sur la novation que les changements techniques imposent à l'analyse sociologique.

La réflexion sur l'informatique et la société renforce la conviction que l'équilibre des civilisations modernes repose sur une alchimie difficile : le dosage entre un exercice de plus en plus vigoureux, même s'il doit être mieux cantonné, des pouvoirs régaliens de l'Etat, et une exubérance croissante de la société civile. L'informatique, pour le meilleur ou pour le pire, sera un ingrédient majeur de ce dosage.

M. Alain Minc, Inspecteur des Finances, co-signe ce rapport, à la conception et à la rédaction duquel il a été pleinement associé. Nous en assumons en commun la responsabilité. Pour rester dans les délais, il nous a fallu limiter les consultations, mais pour conclure utilement, nous fonder sur des avis autorisés. Ceux-ci ont notamment permis d'appuyer le rapport sur douze annexes et dix documents contributifs. Les annexes nous engagent ; les documents contributifs n'engagent que leurs signataires.

Cette méthode était la seule appropriée dans une phase où il s'agissait autant de déterminer le champ du sujet que de l'explorer. Son mérite est qu'à la liberté des auteurs ont répondu la sincérité, la contradiction, l'hétérodoxie d'opinions que la réunion d'une Commission formelle eût sans doute gommées. Son inconvénient est que, reposant sur des bonnes volontés, cette enquête laisse inexplorés les domaines où celles-ci se sont moins manifestées, ou n'ont pu — faute de temps — être suscitées.

Nos recommandations ont un caractère inégalement opératoire. Certaines, soulignant les lacunes de l'information, visent à proposer les moyens de les combler. D'autres définissent les effets à court et moyen terme de l'informatisation, et proposent des mesures pour les infléchir dans le sens des intérêts collectifs. Les dernières enfin s'efforcent de poser des questions, à partir desquelles il n'est pas déraisonnable de s'interroger sur notre avenir à long terme.

Si nos conclusions étaient approuvées, il y aurait deux façons de faire progresser leur mise en œuvre : installer rapidement des organismes permanents pour appliquer la politique définie par le Gouvernement ; poursuivre empiriquement l'étude des problèmes que ne traite pas ce rapport, et mandater pour cela des groupes compétents. Notre suggestion est d'employer simultanément ces deux méthodes.

Je vous prie d'agréer, Monsieur le Président de la République, les assurances de ma très haute considération.

Simon Nora

Sommaire

⁂

Le présent volume comporte en outre :

Présentation [1]

La crise française et l'informatique

Si la France ne trouve pas de réponse correcte à des défis graves et neufs, ses tensions intérieures lui ôteront la capacité de maîtriser son destin.

L'informatisation croissante de la société est au cœur de la crise. Elle peut l'aggraver, ou contribuer à la résoudre. Suivant la politique dans laquelle elle s'insèrera, elle apportera le meilleur ou le pire ; il n'y a dans ses effets ni automatisme ni fatalité. Ils dépendront de la façon dont évolueront dans les années à venir, les relations entre l'Etat et la société civile.

---

[1] Cette présentation constitue un résumé des thèmes essentiels du rapport.

L'INFORMATISATION DE LA SOCIÉTÉ

Les difficultés les plus apparentes et les plus urgentes sont nées de l'enchérissement massif et brutal des énergies importées. Elles affectent nos équilibres économiques et sociaux. Les résoudre est la tâche des prochaines années.

Mais les réactions à cet événement seraient illusoires si elles ignoraient une rupture plus profonde, antérieure à la « guerre du Kippour » et que de bons esprits qualifient de crise de civilisation. Celle-ci résulte du conflit entre des valeurs traditionnelles et les bouleversements provoqués par l'industrialisation et l'urbanisation ; elle met en cause à long terme une répartition élitiste ou démocratique des pouvoirs, c'est-à-dire en fin de compte des savoirs et des mémoires. Cette crise de civilisation survivra à la crise immédiate. Elles sont liées : il est vain d'espérer résoudre la seconde si ce n'est par des voies qui apportent des débuts de remèdes à la première.

— A court terme, la France doit faire face, de façon cohérente, à des risques affectant l'équilibre économique, le « consensus social » et l'indépendance nationale. La santé et la souveraineté de toute nation industrielle reposent en effet sur l'équilibre des échanges extérieurs, un niveau satisfaisant de l'emploi, et l'adhésion des citoyens aux règles du jeu social. Le lien entre ces trois objectifs est ancien. Le fait nouveau est qu'aujourd'hui, il n'y a plus d'harmonie spontanée entre eux. Trois ambitions naguère complémentaires sont devenues maintenant antagonistes. Elles exigent une satisfaction simultanée, alors que la solution de chacune isolément, appelle des actions qui contrarient les autres.

La politique appropriée doit satisfaire trois conditions :

Il faut que l'augmentation de la compétitivité, assortie d'une politique industrielle adaptée à la nouvelle division internationale du travail, suscite un accroissement des débouchés. Le rétablissement des finances extérieures permettra de stimuler de nouvelles demandes intérieures, et donc l'emploi. Leur financement pourra alors s'imputer sur les surcroîts de productivité.

Il est nécessaire que l'organisation générale de la société (rapports de l'Etat et de l'administration avec les entreprises et les citoyens, compétition entre les grandes et les petites entreprises, modalités du management et de l'organisation du travail, etc.) rende acceptables les disciplines et les tensions qu'entraîne la poursuite du développement.

Il n'est possible d'opérer cette mutation des structures économiques et sociales que si la France échappe aux pressions excessives d'Etats ou de groupes étrangers, dont les objectifs peuvent contrarier les siens. Son succès peut renforcer l'indépendance nationale. Mais sa mise en œuvre suppose que celle-ci ne soit pas compromise au départ.

— Le choix des moyens pour résoudre la crise conjoncturelle ne peut ignorer le mouvement de long terme qui affecte la société française.

Celui-ci véhicule deux aspirations fortes, et souvent contradictoires : un désir d'émancipation et un appétit d'égalité, qui appellent un réaménagement des hiérarchies traditionnelles.

Rien de tout cela ne va de soi, dans un pays façonné par des siècles d'une centralisation publiquement critiquée et obscurément réclamée. La société ne récupérera pas ses pouvoirs par la sommation anarchique de ses contestations. Mais ce serait en revanche une illusion de penser qu'ils peuvent lui être souverainement restitués par la seule volonté de l'Etat.

Toute révolution technologique a, dans le passé, provoqué une intense réorganisation de l'économie et de la société. Elle peut être à la fois l'occasion d'une crise et le moyen d'en sortir. Ce fut le cas lors de l'avènement de la machine à vapeur, des chemins de fer, de l'électricité.

La « révolution informatique » aura des conséquences plus larges. Elle n'est pas la seule innovation technique de ces dernières années, mais elle constitue le facteur commun qui permet et accélère toutes les autres. Surtout, dans la mesure où elle bouleverse le traitement et la conservation de l'information, elle va modifier le système nerveux des organisations et de la société tout entière.

Jusqu'à une période récente, l'informatique était chère, peu performante, ésotérique, et de ce fait cantonnée à un nombre restreint d'entreprises et de fonctions : élitiste, elle demeurait l'apanage des grands et des puissants. C'est une informatique de masse qui va désormais s'imposer, irriguant la société, comme le fait l'électricité. Deux progrès sont à l'origine de cette transformation. Il n'y avait autrefois que de grands ordinateurs. Il existe désormais une multitude de petites machines puissantes et peu coûteuses. Elles ne sont plus isolées, mais reliées les unes aux autres dans des « réseaux ».

Cette imbrication croissante des ordinateurs et des télécommunications — que nous appellerons la « télématique » (2) — ouvre un horizon radicalement neuf. Ce n'est certes pas d'hier que les moyens de communications structurent les communautés : routes, chemins de fer, électricité, autant d'étapes d'une organisation familiale, locale, nationale, multinationale.

La « télématique », à la différence de l'électricité ne véhiculera pas un courant inerte, mais de l'information, c'est-à-dire du pouvoir. La ligne

---

(2) Ce néologisme est voisin de celui employé aux Etats-Unis : « compunication ». Le fait que le terme américain mette l'accent sur l'informatique — computer — et le nôtre sur les télécommunications n'est pas un hasard. Il exprime un rapport de forces qui, en France, privilégie ces dernières.

téléphonique ou le canal de télévision constituent les prémisses de cette mutation. Ils se fondent aujourd'hui dans des transmetteurs polyvalents, commencent à relier des ordinateurs et des bases de données, disposeront bientôt, grâce aux satellites, d'un outil impérial. La télématique constituera non pas un réseau de plus mais un réseau d'une autre nature, faisant jouer entre eux images, sons et mémoires : elle transformera notre modèle culturel.

La « télématique » affectera, inégalement mais généralement, tous les éléments à court et à long terme de la crise française : elle pèsera sur les équilibres économiques, modifiera les rapports de pouvoir, élargira les enjeux de souveraineté.

— Elle apportera un gain considérable de productivité. Ceci, en première instance, aggravera le chômage, notamment dans le secteur des services. En revanche cette productivité, correctement drainée, améliorera notre compétitivité et ouvrira de nouveaux débouchés. Elle peut ainsi faciliter le retour à un équilibre externe, qui est la condition préjudicielle de toute croissance. La contradiction entre les risques immédiats de chômage, et les chances ultérieures d'amélioration de l'emploi, ne peut être levée que par des incitations très actives, stimulant des demandes nouvelles. Le dosage, et surtout le maniement dans le temps de cette double politique, consolidant des secteurs hypercompétitifs, et suscitant, par des transferts, un accroissement des aménités et des consommations collectives, sont délicats. Tout dérapage, ou toute anticipation excessive de l'une ou de l'autre, buterait sur les obstacles traditionnels : déficit extérieur ou chômage insupportable. La nouvelle informatique facilite, mais suppose la maîtrise d'un nouveau type de croissance.

— Elle offre des solutions diversifiées, adaptables à toutes les formes de commandement ou de régulation. Elle permet la décentralisation ou même l'autonomie de cellules de base. Mieux, elle la facilite en dotant les unités périphériques ou isolées d'informations dont seules pouvaient jusqu'ici bénéficier les très grandes entités centralisées. Elle a vocation à alléger la structure des administrations, en améliorant leur efficacité et leurs rapports avec les administrés. Elle autorise une plus grande liberté des collectivités locales. Elle renforce la compétitivité des petites et moyennes entreprises par rapport aux grandes. Par le mouvement qu'elle suscite dans les circuits d'information, la télématique est donc au cœur des jeux de pouvoir. Elle déplace les équilibres sur les marchés concurrentiels et entre les collectivités publiques. Elle pèse sur certaines professions dont elle modifie la position sociale. Elle accroît la transparence entre les groupes sociaux et la vulnérabilité des grandes organisations.

Mais il serait illusoire d'attendre de la seule informatique un renversement de la structure de la société, de la pyramide des pouvoirs qui la régissent. Les traditions et le modèle culturel hérités de notre histoire privilégient la centralisation et la prolifération de l'administration, la rigidité hiérarchique dans la grande entreprise, la domination de celle-ci sur la petite. Ils freinent lourdement l'initiative, l'adaptabilité qui favoriseraient une société de communication et de participation.

Seule, une politique délibérée du changement social peut à la fois répondre aux problèmes que soulève la télématique et utiliser ses virtualités. Elle implique une stratégie fondée sur l'équilibre des pouvoirs et des contrepouvoirs, sur la capacité de l'Etat de favoriser les évolutions et non de les imposer. La télématique peut faciliter l'avènement d'une nouvelle société ; elle ne la construira pas spontanément, et à elle seule.

— La télématique déplace enfin les enjeux de souveraineté. Les premiers grands ordinateurs français sont nés d'une volonté d'indépendance militaire. Les pouvoirs publics dans un souci d'autonomie n'ont cessé de promouvoir l'industrie informatique. Cette orientation, si elle reste partiellement nécessaire, est devenue très insuffisante. Aujourd'hui la partie principale ne se joue plus seulement là.

Elle doit prendre en compte le renouvellement du défi d'IBM : hier fabricant de machines, demain gestionnaire de télécommunications, cette compagnie mène une stratégie qui la conduit à mettre en place un réseau de transmissions et à le contrôler. Elle empiétera alors sur une sphère traditionnelle du pouvoir d'Etat : les communications. Faute d'une politique appropriée, se dessinera une double aliénation : à l'égard du gestionnaire du réseau ; à l'égard des banques de données américaines, dont il facilitera l'accès.

Seule, une action des pouvoirs publics, normalisant les réseaux, lançant des satellites de communication, créant des banques de données, peut laisser une marge de jeu à un modèle de société original.

Elargissant ses ambitions, la politique d'informatisation doit dès aujourd'hui multiplier ses points d'appui, mais surtout en diversifier le maniement.

Il lui faut développer les effets positifs de la télématique sur la productivité et compenser ses effets négatifs sur l'emploi ; profiter au maximum des possibilités nouvelles pour réorganiser l'administration, soutenir les petites et moyennes entreprises, réformer les grandes, aménager les conditions de travail. Il s'agit aussi d'éviter la domination d'une partie de l'industrie informatique sur une autre, de l'industrie informatique sur les entreprises et les citoyens.

Mais l'Etat ne peut être le seul promoteur d'une telle politique : son intervention ne doit pas s'enfermer dans l'alternative du tout ou rien.

L'INFORMATISATION DE LA SOCIÉTÉ

Ici, pour améliorer la position de la France dans un rapport de forces avec des compétiteurs qui échappent à leur souveraineté, les pouvoirs publics doivent user sans pudeur de leurs atouts régaliens : commander. Là, parce que s'affrontent des acteurs nationaux inégaux, ils doivent renforcer le jeu du plus faible : réguler. Ailleurs encore, et le plus souvent, il s'agit d'accroître l'autonomie et la responsabilité de forces qui, cherchant à s'affirmer, rencontrent des obstacles, et d'abord l'Etat lui-même ; il leur faut stimuler ce qui les conteste : prendre sur eux de s'effacer. Ce choix entre le commandement, la régulation, et l'effacement n'est pas arbitraire : il exprime une conception globale de la société.

— La seule « internationale » qui puisse dialoguer d'égal à égal avec IBM est celle que pourrait former l'alliance des organismes de télécommunications. La tâche essentielle des pouvoirs publics est donc de renforcer le pôle français de cette association. Constituer ce levier, c'est se donner les objectifs et les moyens d'une politique nationale de communications. Ceci exige à la fois de concentrer la tutelle et de dynamiser les exécutants. Il faut créer un ministère des Communications coordonnant la direction générale des Télécommunications (DGT), Télé-Diffusion de France (TDF) et le Centre national d'études spatiales (CNES).

Mais la DGT doit aussi s'adapter à un marché en pleine évolution, et acquérir plus de mobilité. Ceci implique sûrement la séparation des postes et des télécommunications, et sans doute pour ces dernières la création d'une société nationale, qui leur donnerait la souplesse nécessaire. Une action régalienne plus ferme s'appuiera dès lors sur des outils plus autonomes.

— La politique de l'Etat vis-à-vis des autres acteurs du jeu informatique doit être éclectique, et pragmatique, tenant compte des forces et des faiblesses de chacun d'entre eux : soutenir les sociétés de services et la périinformatique, secteurs dynamiques mais atomisés ; consentir une intervention publique puissante dans la recherche ; pratiquer des incitations, liées à l'action des industriels, pour les composants ; enfin, une fois établie sa stratégie, y faire la place qui convient au constructeur national de grands ordinateurs.

— L'administration, en France, joue plus qu'ailleurs un rôle moteur et exerce une fonction d'exemple. L'installation des réseaux peut à l'insu du pouvoir politique en figer les structures pour des décennies. Il faut se donner les moyens de prévoir cet avenir et de le maîtriser. Une Délégation générale à la réforme administrative, située auprès du Premier ministre permettrait d'explorer les évolutions possibles, et de les orienter. Cette Délégation ne serait pas un centre de pouvoir hiérarchique, mais un instrument d'éveil, de concertation, et d'incitation. Son objectif serait d'utiliser la télématique pour préparer les rationalisations utiles, mais surtout pour rendre possibles l'allègement et la décentralisation.

C'est tout à la fois en se musclant, là où prévalent les rapports de forces, en se cantonnant et en décentralisant lorsque seuls les autres acteurs peuvent promouvoir leur propre changement, que les pouvoirs publics élaboreront les instruments de leur politique.

En percevant et en corrigeant à temps les déséquilibres que l'informatisation peut aggraver, les crispations et les blocages qu'elle risque de susciter, l'Etat permettra aux mutations nécessaires de se réaliser dans les dix prochaines années, sans amorcer la séquence « rigidité-explosion » familière à notre pays. C'est là un enjeu essentiel. Mais il est aussi limité. Même si ces politiques connaissent un succès raisonnable, elles n'auront que le mérite de maintenir ouvert un avenir à plus long terme, où se développeront, à plein, les vrais bouleversements de civilisation que peut apporter la révolution informatique.

L'angoisse incite les peuples à rêver d'un horizon intelligible et certain. Elle s'aggrave lorsque des mutations intenses font éclater les valeurs traditionnelles. Parce que, depuis un siècle, les transformations les plus spectaculaires ont des supports techniques, la facilité est de projeter un avenir commandé par la technologie. Cette tentation se porte de nos jours vers la télématique et s'exprime dans des phantasmes contradictoires.

Les pessimistes soulignent les risques : accroissement du chômage, rigidités sociales, banalisation des activités. Pour eux, l'informatique consacrerait le caractère impersonnel, répétitif des tâches, la déqualification des emplois. Elles consoliderait la lourdeur et la hiérarchie des organisations. Elle renforcerait la toute puissance des « sachants », robotisant les autres. Il ne subsisterait plus que les informaticiens et les informatisés, les utilisateurs et les utilisés. La machine ne serait plus un « ordinateur », outil de calcul, de mémoire et de communication, mais un « ordonnateur », mystérieux et anonyme. La société deviendrait opaque à elle-même, et aux individus qui la composent, mais dangereusement transparente, au détriment de la liberté des citoyens, pour ceux-là seuls qui accèderaient à la technique démiurgique et pour leurs maîtres.

Les optimistes croient, au contraire, que les miracles sont à portée de main : informatique égale information, information égale culture, et culture égale émancipation et démocratie. Tout ce qui accroît les chances de l'information facilite un dialogue plus souple et plus personnel, une meilleure participation, un accroissement des responsabilités individuelles, une plus grande résistance des faibles et des « petits » aux empiètements de « l'Etat Léviathan » ou des prépotents économiques et sociaux.

Ce cauchemar et ce rêve ont le mérite de cerner la même interrogation. Allons-nous, quels qu'en soient les apparences et les alibis, vers des sociétés qui utiliseront les techniques nouvelles pour renforcer les mécanismes de rigidité, d'autorité, de domination ? Ou, au contraire, saurons-nous accroître l'adaptabilité, la liberté, la communication, de telle sorte que chaque citoyen, chaque groupe se prennent en charge de façon plus responsable ?

En fait, aucune technologie, si novatrice soit-elle, ne comporte, à long terme, de conséquence fatale. Ses effets sont dominés par l'évolution de la société, plus qu'ils ne la contraignent. Or le principal défi, dans les décennies à venir, n'est plus pour les pôles avancés de l'humanité, dans la capacité de dominer la matière. Celle-ci est acquise. Il réside dans la difficulté de construire le réseau des liens qui font progresser ensemble l'information et l'organisation. A certaines conditions, l'informatique peut faciliter cette évolution.

Les vertiges qu'elle provoque sont donc vains. Non parce qu'ils disparaissent, mais parce qu'ils se dissolvent dans une interrogation sur l'avenir de la société elle-même : une civilisation reposant sur une très forte productivité sera-t-elle froide et apaisée, ou restera-t-elle conflictuelle ? Les groupes qui s'affronteront seront-ils structurés comme aujourd'hui par leur place dans la production, et par leurs rivalités pour la consommation ? Ou assistera-t-on progressivement à une désarticulation de la scène traditionnelle : les individus se reconnaissant dans des groupes multiples, s'efforçant d'imposer leur domination sur certains éléments du modèle culturel ?

Les schémas traditionnels pour interpréter la société et prévoir son avenir seraient alors d'un faible secours. Anticipant mal l'issue des luttes liées à la production, ils sont inopérants pour décrire un monde qui progressivement lui échappe. Le nouveau défi est celui de l'incertitude : il n'y a pas de bonne prévision, mais seulement de bonnes questions sur les moyens de cheminer vers un horizon souhaité. Le futur ne relève plus de la prospective mais du projet, et des aptitudes de chaque nation à se donner l'organisation propre à le réaliser.

Dès lors les pouvoirs publics ne peuvent sous peine d'échec revenir aux objectifs et aux méthodes de naguère. Préparer l'avenir implique une pédagogie de la liberté qui périme les habitudes et les idéologies les mieux enracinées. Ceci suppose une société adulte qui développe sa spontanéité, sa mobilité et son imagination, tout en acceptant les responsabilités de la régulation globale ; mais aussi un Etat qui, assumant sans complexe ses fonctions régaliennes, consente cependant à ne plus être l'acteur quasi exclusif du jeu social.

Le constat :

de l'informatique
à la télématique

L'informatique explose. Une infinité de petites machines apparaissent, efficaces et peu coûteuses : elles pourraient être synonymes de liberté. A une technique élitiste succède une activité de masse.

Dans le même temps, la télématique naît du mariage entre les ordinateurs et les réseaux de transmissions. Cette convergence va demain culminer avec l'avènement des satellites universels qui achemineront images, données et sons.

1. L'explosion informatique

Après avoir bénéficié de progrès continus et rapides pendant deux décennies, l'informatique connaît aujourd'hui une mutation accélérée. Les constructeurs n'avaient cessé d'améliorer leurs ordinateurs, de les diversifier, d'en accroître les performances : ceci ne changeait toutefois ni le type de matériels offerts aux usagers, ni le mode d'insertion de l'informatique dans les grandes organisations.

Depuis quelques années, les bouleversements des composants électroniques (*), accompagnés de quelques autres progrès spectaculaires, ont élargi presque à l'infini le champ de l'informatique. Des machines de plus en plus petites, peu coûteuses et cependant performantes apparaissent sur le marché.

Simultanément commencent à se développer des réseaux informatiques irriguant l'entreprise, décentralisant la saisie des données, permettant à l'ensemble des employés d'accéder, en temps réel (*), aux fichiers et aux capacités de traitement. Dès lors disparaissent les différences entre grandes et petites machines, entre terminaux d'accès et centres de traitement (*), tandis que la frontière en apparence naturelle entre matériel et logiciel (*) commence à s'effacer.

A. Naguère, une informatique élitiste [1]

L'histoire de l'informatique s'identifie à un enchaînement d'innovations techniques. Mais jusqu'à présent, les générations de matériel se succédaient sans modifier fondamentalement les relations avec l'utilisateur.

Les ordinateurs de la décennie 1950 étaient encore complexes, difficiles à manier. Employant des transistors (*), ils étaient encombrants — plusieurs mètres cubes — et fragiles. Leurs défaillances signifiaient des réparations fréquentes que leur taille et l'enchevêtrement des circuits rendaient peu aisées. De plus, ces premiers ordinateurs n'étaient accessibles qu'en « langage machine » (*), ultérieurement en « assembleur » (*) : seuls pouvaient le comprendre quelques informaticiens rompus à un dialogue aussi hermétique. Quant à l'utilisation courante, elle était handicapée par la lourdeur des règles de gestion interne de l'ordinateur. Tous ces

---

(1) Cf. document contributif n° 1 : « Le tournant informatique ».

matériels étaient par ailleurs incompatibles (*), c'est-à-dire qu'il était impossible de transférer un programme d'application d'une machine à l'autre.

Complexes, servis avec difficultés, de tels ordinateurs étaient d'un usage restreint et rebutant : c'étaient bien là des machines pour « unhappy few ».

Cette première période, que les progrès récents font ressembler à la préhistoire de l'informatique, a pris fin en 1965 avec la génération des ordinateurs 360 d'IBM. Les premiers circuits intégrés (*) se substituaient aux transistors, permettant à la fois une forte amélioration du rapport performance/prix, une diminution du volume des appareils et une plus grande fiabilité. Ces nouveaux matériels constituaient une ligne de produits universels, susceptibles d'effectuer des tâches de gestion autant que des calculs scientifiques. Ils étaient en outre compatibles (*), ce qui autorisait l'utilisateur à glisser d'une machine à l'autre sans refaire tous ses programmes, à condition de demeurer dans l'orbite d'un même constructeur. Les langages, de leur côté, gagnaient en simplicité. « Cobol », « Fortran », « PL 1 », autant de langues de programmation accessibles au prix d'une courte période d'initiation. Ces progrès ont facilité l'utilisation de l'informatique : moins obsédé par le fonctionnement de l'ordinateur, l'utilisateur pouvait échapper aux applications les plus proches de la mécanographie traditionnelle (paie, émission de mandats) et se consacrer librement à l'analyse des autres tâches à informatiser.

Cette évolution ne s'identifiait pas à une métamorphose. Certaines contraintes techniques demeuraient. Ainsi, l'accès « séquentiel » (*) aux fichiers interdisait à l'usager d'aller directement à ce qui l'intéresse. De son côté, le « traitement par lots » (*) qui demeurait la règle, le contraignait à se dessaisir des données, le temps de les perforer, de les mettre en machine et d'en récupérer les résultats.

A ce stade, l'informatique avait un statut particulier au sein des grandes organisations : isolée parce qu'elle s'appuyait sur des machines réunies en un même lieu ; centralisée puisqu'elle faisait remonter toutes les informations des services utilisateurs ; traumatisante enfin puisqu'elle livrait un produit fini après une opération qui avait toutes les apparences de l'alchimie. L'informatique demeurait dès lors réservée à une minorité d'entreprises pour lesquelles un investissement lourd en hommes et en matériel semblait rentable : en France, en 1970, 250 entreprises possédaient 80 % du parc.

Il commençait certes à apparaître des ordinateurs de moindre taille, moins performants et moins onéreux mais qui conservaient tous les traits traditionnels de cette première informatisation. Il existait une seule informatique, donc un seul type de clients et un seul type d'informaticiens.

B. Un faisceau de progrès

Des progrès récents, l'évolution des composants électroniques est à coup sûr la plus lourde de conséquences. Leur miniaturisation qui défie l'imagination, leur coût dérisoire s'identifient presque à un changement de nature. Aujourd'hui un microprocesseur (*) de quelques millimètres de côté renferme la même puissance de traitement qu'un ordinateur qui représentait pourtant, il y a dix ou quinze ans, la quintessence technologique et qui aurait occupé une pièce entière. A puissance égale, un composant qui valait 350 F il y a dix ans vaut actuellement un centime. Si son prix avait connu une évolution comparable, la Rolls-Royce la plus luxueuse coûterait aujourd'hui un franc.

Les conséquences sont à la mesure de cette mutation. Elle rend possible la fabrication d'ordinateurs de petite taille, puissants et peu coûteux, désormais à la portée d'un agent économique moyen. Elle entraîne de surcroît une baisse de coût des unités centrales (*) des ordinateurs traditionnels, qui ont vu leur prix de fabrication diminuer mille fois en dix ans. Les constructeurs peuvent dès lors focaliser leur effort sur d'autres éléments du système informatique, en particulier sur la recherche de langages de plus en plus accessibles et transparents. De tels progrès transforment en effet leur politique : il ne s'agit plus, pour eux, de s'acharner à gagner une miette de puissance de ci de là. Ils cherchent désormais à améliorer la fiabilité de l'appareil et à répartir la puissance de traitement en plusieurs points du système.

L'évolution permet en outre d'inscrire dans la matière même des composants une partie du logiciel de base (*). Dès lors les constructeurs peuvent offrir à l'utilisateur un matériel plus efficace. C'est aussi l'occasion de mieux « verrouiller » leur clientèle, en rendant plus difficiles les changements de fournisseurs.

Dans le même temps, les rigidités de la précédente génération disparaissent l'une après l'autre. Les informations n'étaient auparavant accessibles que de façon séquentielle. Désormais, des procédures particulières permettent d'obtenir directement ce que l'on recherche. Les banques de données sont dans la logique de ce progrès, alliant l'avantage d'une fantastique capacité de stockage et les possibilités d'un accès facile (2).

De son côté, le système d'exploitation (*) gagne lui aussi en souplesse. La machine gère de plus en plus efficacement son propre fonctionnement, optimisant les séquences de travail et organisant au mieux les périodes de traitement, d'obtention des données et d'impression.

---

(2) Cf. annexe n° 2 : « Les banques de données ».

Les langages d'accès ne cessent pour leur part de se rapprocher des langues véhiculaires : la sémantique rigide du Cobol et plus encore de l'assembleur s'éloigne tandis que la perspective de la programmation dans un langage courant ou quasi courant semble désormais plausible.

Phénomène majeur : apparaissent des réseaux en temps réel (*). L'unité centrale et les fichiers se situent au sein d'un système complexe dont les points d'accès se multiplient et où des terminaux de plus en plus nombreux dialoguent entre eux et avec les ordinateurs.

Isolés pour les commodités de l'analyse, ces progrès sont liés dans la stratégie de chacun des constructeurs. Sur un marché où la concurrence est particulièrement âpre et où toutes les innovations sont la récompense d'un effort massif de recherche, chaque pas nouveau d'un industriel oblige tous les autres à le suivre ou à sortir du jeu. D'où une politique opiniâtre pour contraindre les clients à la fidélité. Ainsi face au développement des microprocesseurs qui incite les fabricants de composants à devenir professionnels de l'informatique, les constructeurs traditionnels offrent à leur clientèle des services de plus en plus élaborés : banques de données, architectures de systèmes (*).

C. Demain, une informatique de grande diffusion

Ces innovations permettent d'offrir les produits les plus variés à des utilisateurs de plus en plus nombreux. La machine s'intégrera dans notre univers quotidien.

Une palette extraordinairement complète se présente aux utilisateurs. A eux de rechercher en fonction de leurs objectifs et de leurs contraintes le meilleur agencement : celui-ci peut, du reste, prendre la forme d'un seul gros ordinateur ou d'un véritable « mécano » de plus petits.

Certains constructeurs offrent des appareils sans logiciel ni maintenance ; ce sont pour la plupart soit des fabricants de composants qui ont accru leur champ d'intervention, soit des « francs-tireurs » qui se sont délibérément placés aux frontières de l' « empire IBM » en cherchant à produire moins cher tel ou tel matériel identique à celui de cette compagnie, sans fournir le moindre service. D'autres constructeurs se bornent à fabriquer des ordinateurs accompagnés de leur logiciel, sans les situer dans des réseaux complexes. Certains enfin, les plus anciens et les plus importants proposent des systèmes « télématiques » avec de multiples unités centrales, de lourdes banques de données, des terminaux aussi nombreux que nécessaire, de surcroît adaptables et extensibles.

La possibilité de satisfaire les besoins d'une multitude d'utilisateurs à des prix compatibles avec leurs moyens financiers accroît sans limite l'univers informatique. Loin de demeurer l'apanage de grands organismes peu nombreux et puissants, il s'ouvre à des centaines de milliers d'usagers potentiels, petites et moyennes entreprises, professions libérales, foyers, dont la capacité de dialogue, la demande, les possibilités pécuniaires, appellent une approche diversifiée.

L'informatique sort de son ghetto. Les relations de l'utilisateur et de la machine perdent leur apparence « démiurgique ». Tout employé pourra désormais se servir d'un petit ordinateur ou d'un « terminal intelligent » (*) après une brève période d'apprentissage. L'ensemble du personnel d'une petite entreprise, peu nombreux, cotoiera le calculateur et en apercevra les produits ; il sera en effet proche du service informatique et n'aura pas, de ce fait, de réflexe de défiance. Dans les grandes organisations, les nouveaux systèmes, peu à peu mis en place, se rapprochent eux aussi des postes de travail : c'est l'employé ou l'ouvrier qui entre les données, reçoit les réponses dans une langue claire, en fait usage.

Cette mitoyenneté croissante de l'ordinateur ou du terminal et de son utilisateur est indépendante de modèles d'organisation qui peuvent beaucoup différer les uns des autres : elle est en fait l'expression de la nouvelle informatique. Elle existe parce qu'il y a désormais le réseau pour la rendre possible.

2. La mutation des télécommunications

Les moyens de transmission antérieurement séparés se rapprochent ; ils viennent tous à la rencontre de l'informatique. Cette imbrication suscite l'éclosion de nombreux services.

A. Hier, des univers séparés

Jusqu'à présent, les réseaux de télévision et les réseaux de télécommunications se distinguaient nettement.

Conçus en étoile à partir d'un point d'émission unique, les systèmes de télévision sont unidirectionnels, émettant du centre vers les multiples récepteurs. En revanche, les réseaux de télécommunications assurent le trafic entre deux points, un émetteur et un récepteur ; en outre, la communication peut avoir lieu dans chaque sens, alors qu'en matière de télévision, le récepteur est condamné à demeurer entièrement muet.

Ces différences de nature technique se sont naturellement accompagnées d'une spécialisation des services, les uns tournés vers des relations bidirectionnelles, les autres vers des systèmes d'information passive.

Jusqu'à présent l'informatique se situait naturellement du côté des télécommunications. Requérant des liaisons dans les deux sens entre plusieurs centres de traitement ou bien entre un centre de traitement et des terminaux périphériques, limitée à une information privative, elle se contentait de lignes téléphoniques qui lui garantissaient disponibilité et secret.

C'est ainsi que se sont développés les premiers réseaux. Ceux qui véhiculaient des quantités limitées d'information ont utilisé des lignes téléphoniques normales ; ceux qui nécessitaient des capacités de transmission plus importantes louaient des lignes spécialisées dont ils avaient l'entière jouissance.

B. Une osmose croissante

Le rapprochement des modes de transport se fonde sur l'atténuation de la différence entre réseaux unidirectionnels et réseaux bidirectionnels, sur le développement des réseaux de données, et enfin sur la numérisation (3) croissante des signaux :

— Aujourd'hui, les réseaux de radio-télévision ne fonctionnent plus exclusivement dans un seul sens. Ils offrent des capacités de « retour » du récepteur vers l'émetteur, certes moins larges que dans le sens de l'émission mais suffisantes pour autoriser un dialogue : cette possibilité de retour peut être le fait d'un jumelage avec une ligne téléphonique. De même la mise en place d'antennes communautaires (*) de télévision permet sous réserve de l'adjonction d'un équipement adéquat de joindre à la capacité de réception des possibilités plus modestes d'émission. Ce dialogue inégalitaire n'est pas un handicap pour la téléinformatique dont les transmissions sont toujours dissymétriques : l'un des deux interlocu-

---

(3) Voir glossaire : « transmission numérique ».

teurs ordonne brièvement un traitement que l'autre effectue et dont les résultats, fussent-ils massifs, lui parviennent sur la ligne à gros débit. De telles transmissions peuvent donc trouver place dans les « creux » d'un réseau de télévision, comme elles le faisaient jusqu'à présent sur les seules lignes téléphoniques.

— Aujourd'hui aussi, se développent, parallèlement aux réseaux téléphoniques, des réseaux de données. L'accroissement de ce trafic — qui devrait représenter en 1985, 10 % de l'ensemble des messages contre 5 % aujourd'hui —, l'accès à l'informatique de nouvelles couches d'utilisateurs, la nécessité d'offrir des capacités de transmission plus variées que celles des lignes téléphoniques y ont conduit. D'un pays à l'autre, les choix technologiques ont varié, ici commutation de circuits, là commutation de paquets (4), mais ils offraient les traits jusqu'alors spécifiques du réseau téléphonique, aiguillage et concentration. Conçus initialement pour les seules données, ces réseaux sont à leur tour en état d'acheminer des types de messages habituellement dévolus aux lignes de téléphone, ou ultérieurement des services d'un type nouveau, telle la télécopie (5).

— Cette imbrication de plus en plus marquée, cette substituabilité de plus en plus probable vont se trouver facilitées par la disparition progressive de la coupure entre transmissions numériques et transmissions analogiques (*).

Le téléphone véhicule aujourd'hui des signaux analogiques ; il sera demain fondé sur des signaux numériques. Ceci implique entre autres le remplacement rapide des combinés à cadrans par des combinés à touches.

La télévision, aujourd'hui analogique, peut déjà être transmise sur le mode numérique, de même que la radio : les procédés sont encore expérimentaux mais leur généralisation à terme de dix ans est probable. Quelle sera alors la différence entre des données informatiques, une image de télévision, un son radiophonique ou des bribes de conversation téléphonique ? Une intensité, une fréquence, un débit : rien n'est plus ténu, ni plus indiscernable.

C. L'éclosion des services (6)

Ces mutations techniques permettent une multiplication des services offerts aux usagers, administrations, entreprises ou particuliers. Certes,

---

(4) Cf. annexe n° 1 : « Réseaux, télécommunications et télématique ».
(5) Cf. même annexe et document contributif n° 10, monographie n° 1.
(6) Cf annexe n° 1 : « Réseaux, télécommunications et télématique »

face à des systèmes souvent limités à quelques prototypes, la demande reste virtuelle et méconnue. Nul ne peut présumer la sélection qu'opérera la confrontation de l'offre et des besoins, mais le champ est largement ouvert. Par exemple :

— l'édition à distance des journaux dans des imprimeries décentralisées, d'ores et déjà pratiquée, se généralisera ; elle pourra indifféremment trouver place sur des lignes de téléphone spécialisées ou sur des canaux de télévision, comme c'est le cas aujourd'hui, ou même sur des réseaux de transmission de données. Le choix du support résultera moins de la technique que des tarifs. A terme, son véritable concurrent sera l'édition à domicile chez les lecteurs. Le journal sortira d'un télécopieur ou s'inscrira sur le téléviseur ; dans le premier cas l'acheminement se fera par une ligne de téléphone, dans le second, par un canal de télévision ;

— les individus pourront accéder à des banques de données par la voie téléphonique et recevoir une réponse sur leur écran. De tels systèmes assureront en outre un service de dépôt de messages, concurrent de l'acheminement postal ou du téléphone. L'utilisateur pourra enfin aisément sélectionner grâce à un appareil ad hoc une des pages d'informations que diffusera la télévision (7) ;

— la généralisation des procédés de télécopie ira de pair avec la multiplication des transferts de signaux numériques. Dès lors, quoi de plus aisé à transmettre sur un réseau de données qu'une lettre ?

Une telle énumération des possibilités techniques ne se veut ni un palmarès de concours Lépine, ni un inventaire à la Prévert. Elle traduit l'absence de spécificité de la téléinformatique ; à faible débit, elle ne se distingue guère de la télécopie ; à moyen débit, de la consultation d'une banque de données ; à grand débit, de la téléédition ou même de la télévision.

Cette banalisation de plus en plus forte du signal connaîtra en fait son apogée avec le développement des satellites de transmission.

---

(7) Cf. document contributif n° 10 : « Les applications avancées de l'informatisation », monographie n° 10.

3. L'horizon "télématique" : les satellites universels

La facilité de communication que les satellites vont assurer accélérera la mutation de l'informatique. Multipliant les transmissions de données, les basculements de traitements de pays à pays, de continent à continent, les satellites feront progressivement naître un réseau « télématique » mondial.

A. Un outil de transmissions impérial

Les avantages de puissance, d'universalité, d'accessibilité et de rayon d'action que vont offrir à l'avenir les satellites en feront le mode de transmissions privilégié.

— Ce seront des transmetteurs puissants : le moindre des satellites lancé dans la décennie « 80 » acheminera plusieurs millions de bits-secondes (*), ce qui représente de quoi assurer un énorme trafic téléphonique, quatre à cinq chaînes de télévision ou le transfert des fichiers informatiques les plus massifs. Face à une telle capacité, peu de moyens terrestres de transmissions sont concurrentiels : certaines « autoroutes hertziennes » (8), à l'avenir des voies de transmission numérique telles le système « Transmic » (9) ou ultérieurement les fibres optiques (10). Ils pourront véhiculer des quantités d'informations comparables, mais géographiquement limitées à quelques artères majeures, ils auront un faible rayon d'action, à la différence des satellites capables d' « inonder », au même débit, pays et continents.

— Ce seront des transmetteurs universels : la capacité des satellites exigera, afin de les rentabiliser, qu'ils acheminent tous les types de messages, voix, données, images. Ceci sera possible car les différences encore sensibles aujourd'hui entre satellites de radiodiffusion et satellites de télécommunications iront en s'atténuant, au même rythme que se rapprocheront les types de signaux. De nombreux projets prennent en compte cette évolution prévisible et au premier chef le satellite SBS que va lancer IBM.

---

(8) Cf. annexe n° 1 : « Réseaux, télécommunications et télématique ».
(9) Cf. même annexe et glossaire.
(10) Cf. même annexe et glossaire.

— Ce seront des transmetteurs aisément accessibles : alors que l'émission exige aujourd'hui d'immenses antennes (7 à 10 mètres), vouées de ce fait à demeurer l'apanage des organismes de télécommunications, elle a toutes chances à l'avenir de « se démocratiser ». Des antennes de taille infiniment plus réduite — 0,90 à 1,5 m — et donc plus abordables sur le plan financier, suffiront pour atteindre le satellite.

Ces émissions seront en outre « transparentes » : elles seront en effet dispensées des protocoles d'accès (*) complexes qu'imposent aujourd'hui certains réseaux terrestres. La gestion de ces transmissions exigera certaine règles, afin de permettre à chacun de retrouver son dû dans cet énorme amalgame de messages. Mais, limitées aux seules nécessités techniques, elles seront sans doute moins contraignantes (11).

Ainsi le satellite rendra possible l'émission individuelle de télécommunications. Face à ces possibilités, la protection du monopole ne reposera plus que sur des armes juridiques, donc fragiles et temporaires.

— Ce seront des transmetteurs à rayon d'action sans limite : alors que les réseaux terrestres, aériens ou câblés subissent les contraintes du relief et de la géographie, les satellites y échappent complètement. La plupart des « zones d'ombre » disparaissent ; les distances géographiques « se raccourcissent ». Ils inondent de très larges contrées. Ils rendent symboliques des frontières qui constituent aujourd'hui la ligne de partage entre les organismes nationaux de télécommunications.

Outils impériaux, ils ne seront pas omniprésents au point de rendre inutiles les autres modes de transmissions. Les réseaux spécialisés conserveront, en particulier, une grande importance, assurant certaines tâches à un moindre coût : pénétration poussée jusqu'aux agents économiques les plus modestes, commutation (*) de messages entre petits utilisateurs. Susceptibles de se brancher eux-mêmes sur les satellites, ils pourront servir d' « antennes collectives » et assurer ainsi l'accès de ces usagers à des services qui autrement leur seraient interdits. Le satellite y gagnera encore en puissance, démultipliant de la sorte ses effets.

B. Vers les réseaux « télématiques » ?

Jusqu'à présent, les connexions entre ordinateurs et les transmissions de données étaient bridées, au moins pour les gros débits, par la capacité des lignes téléphoniques. De ce point de vue, les réseaux spécialisés ne

---

(11) Des considérations d'ordre politique peuvent, on le verra, conduire à rechercher des protocoles qui excèdent les besoins exclusivement techniques.

répondent que partiellement à cette contrainte. En revanche, les satellites offriront des possibilités de transmission continue à forte puissance.

Dès lors, il faut se préparer à des basculements de plus en plus nombreux de traitements, à des consultations accrues de banques de données. A la limite, le réseau multipliera ses ramifications et tendra peut-être à s'unifier.

1. Accélération des basculements de traitements

Exception faite des cas encore peu nombreux de réseaux mondiaux en temps partagé (*), le basculement de traitement d'un grand centre informatique à un autre demeure peu fréquent. Les débits importants offerts par les satellites le rendront désormais possible à l'intérieur d'un même pays, mais plus encore de pays à pays, et surtout de continent à continent. Nombre de grands utilisateurs français se déclarent prêts à transférer une partie de leur traitement aux Etats-Unis. Ils y seront vraisemblablement incités par des avantages de prix. En effet, les décalages horaires font que les « heures pleines » en Europe correspondent aux « heures creuses » aux Etats-Unis. En outre, si la compagnie qui offrira le traitement assure aussi l'acheminement des données, elle aura tendance à jouer sur les prix des deux prestations de telle sorte que la baisse du coût de traitement compense ou surcompense le coût de transmissions.

Les décalages horaires sont certes symétriques et rien n'interdit d'imaginer des basculements des Etats-Unis vers l'Europe. Dans l'état actuel des implantations et des stratégies des sociétés informatiques, il est probable que les transferts vers les Etats-Unis resteront privilégiés. Ceci risque de créer une dépendance des utilisateurs européens à l'égard de leurs fournisseurs américains.

De plus, les satellites vont permettre une consultation aisée des banques de données, scientifiques, techniques ou commerciales (12). Fortes d'une génération d'avance, d'un marché intérieur rentable et d'un coût marginal infinitésimal, les banques de données américaines peuvent consentir aux utilisateurs européens des tarifs très faibles. Par ailleurs, une part importante de l'information qui intéresse les entreprises mondiales est américaine. Ce sont le plus souvent les banques des Etats-Unis qui sont les plus riches en données sur l'Europe.

---

(12) Cf. annexe n° 2 : « Les banques de données ».

2. Interconnectabilité des réseaux

Des mouvements aussi décisifs supposent soit l'interconnectabilité de tous les réseaux, soit l'existence d'un réseau privilégié dominant le marché.

En effet, le satellite ne suffit pas à assurer une nouvelle « donne informatique ». S'il garantit une transmission facile, de grande capacité et peu coûteuse, il ne permet pas, à lui seul, à tel terminal de « parler » à telle banque de données, à tel ordinateur de se brancher sur tel centre de traitement. Ceci exigerait que les réseaux puissent communiquer entre eux, que leurs langages soient transparents les uns aux autres. Aucune instance n'assure aujourd'hui cette fonction. Chaque constructeur prévoit la compatibilité de ses réseaux mais se garde de la rendre possible avec ceux de ses concurrents. Ainsi se bâtissent des « grappes de réseaux », connectables les uns avec les autres, mais incapables de se mettre en liaison avec ceux de la grappe voisine.

Pourtant l'hétérogénéité est plus théorique que réelle : c'est « la loi du plus fort », en l'occurrence IBM, qui a toutes chances de garantir la connexion de fait de la plupart des réseaux. Sa grappe sera tellement disproportionnée par rapport aux autres qu'IBM pourra, mieux que quiconque, donner une dimension exceptionnelle aux phénomènes de basculements de traitements et de consultations de données.

3. La « télématique », comme l'électricité ?

Aujourd'hui, n'importe quel consommateur d'électricité peut obtenir de manière instantanée, sans souci de son origine, sans coût prohibitif, la puissance dont il a besoin. Tout laisse présager qu'il en sera de même demain pour la « télématique ».

Les premières connexions faites, l'osmose continuera son chemin : les utilisateurs se brancheront directement les uns sur les autres ; les fichiers tendront à se réunir quand la rationalité ou le profit l'exigeront ; la transparence des réseaux ira croissante. Les usagers auront de moins en moins besoin d'avoir des centres de traitement privatifs. Le réseau informatique sera devenu semblable au réseau électrique.

Sans doute dans sa pureté, se schéma n'est-il qu'un cas limite. Du moins montre-t-il clairement que le mariage des satellites et des réseaux est porteur d'immenses virtualités de puissance. Ceci veut dire rationalité mais aussi pouvoir.

En réalité, il est possible que certains utilisateurs ne renoncent pas à leurs machines, fussent-elles peu employées, pour préserver l'illusion de leur autonomie. Il est de même vraisemblable que le principal constructeur cherchera à éviter un schéma aussi voyant. Mais moins de rationalité ne signifiera pas moins de pouvoir : celui-ci résulte de l'unicité vraie du réseau que quelques traitements locaux ne suffiront pas à antamer.

Ainsi, à terme assez bref, le débat se focalisera sur l'interconnectabilité. Alors que jusqu'à présent les conflits portaient sur les machines, ils passeront dorénavant par la domination des protocoles de connexion. C'est donc entre constructeurs de réseaux et gestionnaires de satellites que se déterminera le partage du pouvoir : il leur faudra définir ensemble les nouvelles règles du jeu.

Si ce sont les organismes de télécommunications qui lancent et gèrent les satellites, IBM devra dialoguer avec eux. Si leur carence conduit cette compagnie à se substituer à eux, il n'y aura pas de dialogue. Ce serait certes une solution particulièrement efficace mais peu transparente pour les tiers.

L'avènement de la « télématique » bouleverse donc les acteurs, autant qu'il accroît les enjeux de l'informatique.

Aux acteurs traditionnels que représentaient les constructeurs viennent se joindre les organismes de télécommunications et à travers eux les Etats. Ceux-ci s'étaient toujours attachés à faire des communications le pré carré des interventions régaliennes. Désormais, ce pan de souveraineté risque subrepticement de leur échapper, s'ils ne se donnent pas les moyens de devenir un partenaire, à défaut d'être encore un maître.

Hier les enjeux de l'informatique étaient circonscrits : ils étaient commerciaux, industriels ou militaires. Désormais, parce qu'elle s'éparpille en une infinité de petites machines et qu'elle disparaît derrière un réseau aux ramifications illimitées, l'informatique prend dans ses rets la société entière.

Première partie :

Les défis

Déterminer une politique d'informatisation de la société, c'est préparer l'avenir, Pour cela, il faut répondre rapidement aux défis du présent.

Cette première partie du rapport s'efforcera de les recenser, et de les situer dans le contexte de la crise française. Pour ce faire, il faut mesurer aussi clairement que possible :

— les risques et les chances que la nouvelle informatique apportent au développement économique, d'où :

Chapitre I : **Télématique et nouvelle croissance**

— les transformations que cette informatique fera subir aux rapports entre les divers agents économiques et sociaux, d'où :

Chapitre II : **Télématique et nouveaux jeux de pouvoirs**

— l'élargissement des domaines où se joue la souveraineté, d'où :

Chapitre III : **Télématique et Indépendance nationale**

Chapitre I

Télématique
et nouvelle croissance

L'intuition suggère et l'examen montre que la conséquence essentielle de la nouvelle informatique est un effet majeur de productivité. Ce chapitre recherche la meilleure utilisation du surplus ainsi dégagé.

L'informatisation de la société apporte-t-elle plus de risques pour l'emploi que de chances pour le commerce extérieur ? L'accroissement des débouchés, internes et externes, que procure une compétitivité accrue permet-il de récupérer, ou même d'augmenter un emploi sacrifié en première instance à l'accroissement de la productivité ?

La réponse à ces questions ne peut être aujourd'hui globale, cohérente et chiffrée. Quelques « coups de projecteurs », et le raisonnement conduisent cependant à une certitude : l'informatisation rend à la fois possible, et nécessaire, une croissance d'un type nouveau.

La nouvelle informatique modifie sûrement le volume d'emploi, et potentiellement les contraintes de la balance extérieure. En fonction de l'usage qui en sera fait, elle peut aggraver ou contribuer à résoudre les éléments structurels de la crise française :

— aggraver si l'informatisation détériore l'emploi, sans aider au rétablissement de l'équilibre extérieur ;

— résoudre si, levant l'hypothèque du déséquilibre commercial, elle rend à la politique économique une marge de liberté et lui donne la possibilité de favoriser une nouvelle croissance, capable enfin de réconcilier contraintes externes, emploi et consensus social.

L'INFORMATISATION DE LA SOCIÉTÉ

Les modèles économiques pêchent par insuffisance, et par nature (1). Devant cette carence notre démarche a consisté :

— à vérifier sur les outils existants — sans illusion quant à la précision des résultats — les ordres de grandeur de quelques conclusions (2) ;

— à définir une approche plus satisfaisante. Elle dessine « en creux » le champ des études indispensables pour quantifier les effets à moyen terme de l'informatisation. Celles-ci sont plus socio-politiques que technologiques ou économétriques (3) ;

— à tester par des enquêtes monographiques les effets de l'informatisation sur la productivité et l'emploi, dans les secteurs les plus significatifs de l'industrie et des services.

Les conclusions auxquelles conduisent ces investigations restent imprécises sur le rythme des transformations prévisibles. Mais elles apportent une certitude sur l'orientation, l'ampleur et l'inéluctabilité dans les dix ans à venir de mutations qui remettent en cause les équilibres, tels qu'ils avaient conçus lors de l'élaboration du VII° Plan.

---

(1) Leur trop faible désagrégation n'autorise pas l'analyse d'un phénomène saisissable au seul niveau de secteurs très fins. Les modèles à court terme (tableau d'entrées-sorties à 600 branches, modèle Star) n'intègrent pas le progrès technologique ; les modèles à moyen terme font du progrès technologique une variable exogène ; et il n'y a pas de modèle à long terme. Tout modèle à long terme se heurterait d'ailleurs à la difficulté de marier des effets technologiques « pointus », et une modification radicale des coefficients de production et de consommation, qui seule exprimerait les lois de comportement d'une société transformée. La France est en retard dans ce type de projections. Mais les limites de celles-ci sont manifestes, même dans les pays. qui y ont consacré le plus d'effort. L'annexe n° 4 souligne le caractère aléatoire et insatisfaisant des considérables travaux menés en cette matière aux USA et au Japon.

(2) Cf. annexe n° 3 : « Informatique et macroéconomie ».

(3) Cf. annexe n° 5 : « Une approche pour une évaluation économique des usages de l'informatique ».

1. Les risques pour l'emploi

Les conséquences d'une informatisation massive sur l'emploi résultent d'un solde. C'est le résultat d'une course de vitesse entre le dégagement de main-d'œuvre lié aux gains de productivité, et l'accroissement des débouchés pouvant résulter d'une compétitivité ainsi améliorée. Or, le premier effet est certain, et à court terme. Le second sera conditionnel, et plus lent à réaliser.

Le montant de l'emploi dépend largement de rationalisations générales opérées du fait, ou à l'occasion de l'informatisation. L'informatique est un investissement au deuxième degré, moins rentable par ses effets propres que par sa capacité à valoriser les autres investissements. Des sondages sur quelques secteurs clefs montrent que, sous l'influence de la télématique et de l'automatisation, les services dégageront du personnel, et que les grandes entreprises industrielles se développeront à effectif constant.

Ces phénomènes, déjà amorcés, vont s'accélérer à un rythme difficile à déterminer, car il dépendra de la conjoncture et des résistances. Ils apportent une novation très inquiétante dans un processus qui, depuis la Libération, avait garanti l'équilibre du marché de l'emploi.

Les remarquables progrès de la productivité, dans l'agriculture et l'industrie, avaient permis un redressement de la balance extérieure française. Pendant le même temps les demandes d'emploi, accrues par la pression démographique et l'augmentation du travail féminin, n'avaient entraîné aucun chômage, parce qu'elles étaient largement absorbées par des services en développement rapide et à faible productivité. C'est ce mécanisme d'ajustement dont la rupture déjà amorcée va s'accélérer.

A. Fin de la création d'emploi dans les services

Avec la télématique, le secteur des services va connaître dans les années à venir un saut de productivité comparable à celui qu'ont vécu depuis vingt ans l'agriculture et l'industrie.

Sans pouvoir l'apprécier de façon exhaustive, ni en fixer le calendrier, l'examen (4) de quelques grands secteurs en montre l'importance.

---

(4) Cet examen a consisté en études monographiques de secteurs tertiaires lourds. La coopération des responsables des entreprises de ces secteurs a été d'autant plus active que seraient seuls publiés des résultats agrégés sur les effets de productivité et d'emploi.

L'INFORMATISATION DE LA SOCIÉTÉ

1) *Dans les banques,* l'installation de nouveaux systèmes informatiques permettrait des économies d'emploi qui pourraient représenter sur dix ans jusqu'à 30 % du personnel. Elles ne signifient pas qu'il faudra licencier. Elles mesurent en effet les masses de personnel supplémentaire qui seraient aujourd'hui nécessaires, en l'état actuel des techniques de production, afin de satisfaire la demande à venir et que la télématique dispensera d'embaucher. Elles annoncent donc un moindre appel au marché du travail. De fait, depuis un ou deux ans, les banques ont réduit considérablement leur embauche, alors que précédemment elles accroissaient leur personnel de 5 à 10 % chaque année.

Ces gains de productivité s'expliquent :

• par la suppression d'emplois directement liés aux modes de traitements informatiques traditionnels, tels les « perforatrices », les « ajusteurs » chargés de la correction des erreurs de codification : une saisie décentralisée de l'information, assortie de techniques d'auto-correction, les rend désormais inutiles ;

• par la rationalisation des procédures comptables internes que la nouvelle informatique permet, pour autant que les directions veuillent la réaliser.

C'est dire qu'une économie d'emplois de 30 % n'est pas le résultat mécanique d'une transformation du système informatique. Même voulue par les organes de direction, elle se heurtera à la viscosité des structures, aux résistances des individus, à la pression syndicale. Mais l'inertie est exclue, car la concurrence conduira les établissements tentés par la passivité à s'aligner sur leurs rivaux nationaux plus dynamiques, et davantage encore sur les banques étrangères.

2) *Dans les assurances,* le phénomène est encore plus pressant. Les économies d'emplois, désormais possibles sur une décennie, sont d'environ 30 %. S'estimant peu capables de faire face aux réactions du personnel, certains ont mis un moratoire sur l'installation de leur système télématique. Encore, ne pourra-t-on reculer durablement les échéances, dès lors que la liberté d'établissement des compagnies d'assurance au sein de la CEE introduira la concurrence étrangère.

3) *Pour la sécurité sociale,* le mouvement ne sera pas aussi rapide ; l'informatique demeure d'un usage traditionnel : grands centres, traitements massifs et lourds (5). Même si aucune pression extérieure n'impose une évolution que contrarie l'inertie des structures, des traditions et des régle-

---

(5) Cf. annexe n° 10 : « L'informatique et l'administration française », note jointe n° 1 sur la Sécurité sociale.

mentations, la nécessité de limiter les coûts y poussera. Dans un délai qu'il est difficile de préciser, les mêmes causes entraîneront les mêmes effets. Les économies d'emplois rendues plausibles par la télématique interviendront.

4) *Pour la poste*, la contraction prévisible des effectifs résulte d'un autre type de concurrence. Le tournant informatique n'apportera pas de gains de productivité massifs dans cette activité de main-d'œuvre. Mais le développement accéléré de la télécopie et de la téléimpression, désormais probable à brève échéance, l'apparition à terme plus lointain de l'édition des journaux à domicile, constituent autant de facteurs d'une diminution de l'activité postale. Dans une première période, les postes verront s'effilocher le trafic interne aux administrations et aux entreprises, qui représente 60 % du courrier actuel. C'est seulement dans une étape ultérieure, que les correspondances individuelles seront concernées. En fait, cette évolution est trop dépendante du rythme d'implantation de la télécopie, de la qualité du service postal, des problèmes sociaux internes aux postes, pour permettre une prévision datée. Mais la substitution de services de télécommunications aux services postaux et ses effets sur l'emploi apparaissent inéluctables.

5) *L'informatisation des activités de bureau* va peser sur les effectifs de cet énorme secteur, diffus dans l'ensemble de l'économie, que constituent les 800 000 secrétaires (6). Le développement des réseaux, la télécopie, les possibilités offertes par l'introduction de microprocesseurs dans les machines à écrire dessinent un nouveau type de secrétariat dont les tâches seront davantage de surveillance que d'exécution (7).

Des investissements peu coûteux permettront des gains de productivité tels que l'informatisation sera sans doute exceptionnellement rapide. La dispersion des employés de secrétariat, leur isolement au sein de leurs entreprises, risquent d'amoindrir leur capacité de résistance. Les effets sur l'emploi seront à coup sûr massifs, même si les caractéristiques de cette activité économique rendent actuellement impossible une approche chiffrée.

Ainsi, cinq activités de services dissemblables, banques, assurances, sécurité sociale, poste, travaux de bureau ; des degrés plus ou moins marqués d'informatisation ; des effets de nature différente, tantôt directs, tantôt liés à des substitutions de trafic ; des contraintes induites, ici par la concurrence étrangère, là par des pressions politiques à la baisse des

---

(6) Encore ce chiffre de 800 000 employés concerne-t-il les secrétaires stricto sensu et non l'ensemble des agents de bureau qui sont au nombre de 2 millions.

(7) Cf. document contributif n° 10 : « Les applications avancées de l'informatisation », monographie n° 4.

coûts ; mais une conclusion unique : le tournant informatique provoquera, lors de la prochaine décennie, des économies d'emplois considérables dans les grands organismes de services.

Peut-on extrapoler cette conclusion à l'ensemble du secteur tertiaire ? L'intuition y conduit ; mais les quelques « coups de projecteurs » réalisés à l'occasion de ce rapport n'autorisent pas à la mesurer.

B. Le développement de la production industrielle se fera à effectif constant [8]

La mutation des techniques informatiques va s'accompagner d'une automatisation plus rapide des entreprises industrielles : elle concernera aussi bien les activités « tertiaires » internes à chaque groupe, que les systèmes de production, la robotique (9) (*) que les automatismes.

Le degré et le niveau d'informatisation des activités « tertiaires » de l'industrie — gestion administrative, comptabilité, gestion du personnel, voire gestion commerciale — diffèrent suivant les entreprises. Ils sont loin d'atteindre, en règle générale, la sophistication des systèmes mis en place dans les banques. Le retard est plus manifeste pour les groupes de constitution récente, dont les règles de gestion ne sont pas toujours harmonisées. C'est pourquoi un large champ est ouvert aux effets de la télématique. Toutefois nos interlocuteurs ne sont pas à même, comme leurs collègues des banques et des assurances, de chiffrer les économies d'emplois qui résulteront de l'automatisation croissante des travaux administratifs. En fait, il apparaît que, globalement, les grandes entreprises industrielles ne seront plus, à l'avenir, conduites à embaucher du personnel administratif.

L'automatisation des systèmes de production (10) est moins avancée en France qu'à l'étranger : à côté des handicaps manifestes de certaines branches, tels la sidérurgie et les chantiers navals, d'autres secteurs traditionnellement dynamiques — même l'automobile — commencent à prendre du retard par rapport aux entreprises étrangères, en particulier japonaises.

---

(8) Comme pour les services, les constatations qui suivent résultent d'une enquête sur de grandes entreprises françaises.

(9) Cf. document contributif n° 10 : « Les applications avancées de l'informatique », monographie n° 6.

(10) C'est-à-dire les services en amont de la production ainsi que la gestion de la production.

En outre, sous la pression de la concurrence, l'industrie française sera conduite à implanter de plus en plus de robots (11) et de process de production (*). Le développement de la nouvelle informatique met à la disposition des industriels de petits ordinateurs particulièrement adaptés à la gestion de la production. De même, les progrès réalisés dans la fabrication de terminaux suffisamment résistants pour être installés sur les lieux de travail, permettront-ils de décentraliser la saisie et le suivi des opérations au sein de l'atelier.

L'automatisation croissante des entreprises industrielles conduit la plupart de leurs responsables à affirmer que leur croissance se fera dans les prochaines années à effectif constant, voire légèrement décroissant, sauf à voir la demande s'élever à un rythme inhabituel. Même si le caractère moins exhaustif de l'enquête faite dans l'industrie, par rapport à celle effectuée dans les services, ne nous autorise pas à généraliser cette affirmation, une telle hypothèse apparaît lourde de conséquences : elle signifie que les seuls emplois industriels désormais créés seront le fait des petites et moyennes entreprises.

2. Les chances pour le commerce extérieur

Tirer de ces réflexions sur l'informatique et l'emploi des conclusions malthusiennes serait suicidaire. Tout ce qui peut améliorer, par une meilleure compétitivité, l'équilibre du commerce extérieur est vital pour la France.

A. Le niveau de productivité qui commande notre survie nous est imposé de l'extérieur

L'équilibre du commerce extérieur est, pour de nombreuses années, la condition préjudicielle de toute croissance ; sa poursuite, dans l'état actuel des choses, ne peut que contrarier le plein emploi. Mais un chô-

---

(11) Voir glossaire « Robotique » et document contributif n° 10 : « Les applications avancées de l'informatisation », monographie n° 6.

mage croissant remet en cause l'équilibre social de la nation. Ce type de crise est très neuf.

Jusqu'à une période récente, la croissance s'est effectuée au sein d'un pôle dominant, constitué par les nations industrialisées de l'Occident. Celui-ci trouvait, dans les besoins insatisfaits de ses propres citoyens, un marché avide de consommation.

Le commerce extérieur accélérait la croissance en favorisant les spécialisations. Il était la conséquence et l'adjuvant du développement, non sa condition : il demeurait souvent marginal par rapport à la production intérieure. Lorsque les transactions s'effectuaient avec le monde non développé, celui-ci constituait un débouché facile pour les produits élaborés, et un fournisseur complaisant de matières brutes. Des termes d'échange favorables renforçaient les possibilités de croissance du « noyau dominant ». La concurrence ne s'exerçait qu'entre des nations de structures économiques et sociales comparables. Une meilleure compétitivité assurait un avantage relatif, mais les écarts de productivité restaient étroits.

Dès lors, un pays industriel pouvait « choisir », en fonction de ses objectifs ou de ses contraintes, son rythme de productivité et de croissance. Sauf accident conjoncturel, aisément surmonté grâce à la faible résistance des groupes sociaux défavorisés, il y avait une harmonie de longue durée entre la croissance et l'emploi : la productivité était un facteur « endogène » de la régulation par une nation de son système économique.

Aujourd'hui, pour les pays anciennement industrialisés, la productivité est devenue une « contrainte subie » : Ils sont en effet soumis simultanément, à la pression d'économies sous-industrialisées, d'économies sur-industrialisées, et de concurrents à commerce d'Etat.

Cette tenaille se resserre à un moment :
— où la part du commerce extérieur dans le produit national, devenue essentielle, ne peut être sensiblement réduite, sauf régression grave ;
— où la coalition politique des pays en voie de développement tend à bouleverser en leur faveur les termes de l'échange ;
— où de nouvelles percées technologiques rendent quelques pays hypercompétitifs sur les créneaux de l'avenir, tandis que le faible coût de la main-d'œuvre renforce la concurrence des pays moins développés sur les marchés traditionnels.

De sorte que la France, pour des impératifs de commerce extérieur, est engagée dans une course à la compétitivité dont le rythme lui échappe. La recherche de la productivité, qui en est le ressort, est devenue un facteur « exogène », qui s'impose à toute option de politique intérieure. Mais pour être efficace, cette course doit remplir certaines conditions.

B. Les conditions de « seuil », et de « créneaux » qui commandent notre compétitivité

1. Les effets de seuil

Si une branche de l'industrie française, menacée par la concurrence internationale (par exemple la sidérurgie, les chantiers navals, le textile) fait un effort de rationalisation sans parvenir à abaisser ses coûts jusqu'au niveau de ses rivaux, elle aura multiplié les contraintes (efforts massifs d'investissements, diminution d'emplois) sans élargir pour autant ses débouchés. En revanche, dès qu'elle est redevenue compétitive, de nouveaux marchés s'ouvrent, permettant une croissance de la production et de l'emploi (12).

Fondée sur l'informatisation et la rationalisation, cette politique suppose de la détermination : elle requiert du temps et de l'argent. Trop tôt ralentie, avant d'atteindre le seuil de la compétitivité, elle cumule plus d'inconvénients qu'elle n'apporte d'avantages ; c'est une stratégie du tout ou rien. Elle implique donc un grand discernement dans le choix des créneaux sur lesquels doit porter l'effort.

2. Le choix des « créneaux »

Sans doute les progrès de productivité dus à la nouvelle informatique sont-ils les bienvenus, quelqu'en soit le point d'application. Réalisés dans des secteurs de services, en principe mieux abrités de la concurrence internationale, ils favorisent néanmoins la compétitivité de l'économie. Une partie de ces effets de productivité peut être ristournée aux secteurs plus exposés à la compétition internationale et faciliter leurs exportations (13).

Toutefois si cette productivité reste diffuse, les « créneaux » les mieux situés pour soutenir le commerce extérieur courent le risque de rester en deçà du « seuil » utile. Or un pays moyen ne saurait se montrer compétitif en tous domaines et en tous secteurs. Dans un univers écono-

---

(12) L'effet de seuil est dans les faits plus complexe : la qualité du réseau de ventes, les garanties de maintenance, les traditions d'achats constituent aussi les facteurs d'un choix dans lequel le prix joue un rôle dominant mais non exclusif.

(13) Ainsi apparaît-il d'une variante du modèle DMS réalisée sur ce point (cf. annexe n° 3 : « Informatique et macroéconomie », troisième note jointe) qu'une hausse de 10 % de la productivité des services rendus aux entreprises permet au bout de trois ans une légère amélioration du montant des exportations. Cette progression des exportations ne signifie pas pour autant une amélioration du solde commercial car tout accroissement des investissements, lié dans ce cas à un surplus d'autofinancement, s'accompagne inévitablement, dans la structure actuelle du commerce extérieur français, d'un surcroît d'importations. Mais le phénomène n'en est pas pour autant escamoté : les gains de productivité dans les services favorisent les exportations. Encore faut-il, pour être pleinement efficace, qu'ils soient suffisamment forts pour permettre à l'industrie française de rattraper un handicap de compétitivité, faute de quoi les effets pervers — pertes d'emplois — s'additionnent sans la moindre amélioration des débouchés.

mique où la spécialisation se fait de plus en plus nécessaire (14), un effort indifférencié est inefficace.

Il faut savoir quels secteurs privilégier, et dans ces secteurs quels produits élaborer, compte tenu des avantages respectifs de tel ou tel pays, des actions déjà entreprises de-ci et de-là, et surtout des perspectives de marché. Choisir les « créneaux porteurs » exige un doigté, voire un art que peu de pays possèdent. Au Japon, depuis quinze ou vingt ans, mais plus encore depuis la crise pétrolière, le « complexe industrialo-étatique » s'est appuyé sur le fantastique réseau de données que constituent les maisons de commerce internationales pour définir une stratégie d'exportation. Profitant de la souplesse que confère un consensus social élevé, il a réorienté son industrie à un rythme stupéfiant (15): En Allemagne, fortes de leurs traditions commerciales et de leur expérience, les entreprises effectuent elles-mêmes ces choix stratégiques. Aux Etats-Unis, les exportations apparaissent comme les « sous-produits » d'un marché interne dont la taille et la vitalité assurent le développement : une fois amortie, telle ou telle production trouvera une destination toute naturelle dans l'exportation.

Pour conduire la même stratégie, l'industrie française a certains handicaps. Ses grandes entreprises continuent souvent à pratiquer des politiques de larges secteurs, plus que de créneaux étroits. La petite et moyenne entreprise manifeste son individualité dans l'organisation, plutôt que dans une spécialisation qui serait pourtant un gage de longues séries, de moindres coûts et de meilleure compétitivité.

3. L'informatique est nécessaire mais insuffisante pour résoudre la crise française

L'économie française souffre simultanément de trois maux : un déficit durable de la balance commerciale, un affaiblissement des demandes internes traditionnelles, et une aggravation croissante du chômage (16).

---

(14) Cf. étude du GEPI (Groupe d'études prospectives internationales) : « Croissance mondiale et stratégies de spécialisation ».

(15) Cf. étude du GEPI : « Une économie à la recherche de la spécialisation optimale : le Japon ».

(16) Ces phénomènes sont analysés dans l'annexe n° 3 : « Informatique et macroéconomie ».

La situation d'équilibre que le commerce extérieur français avait connue de 1970 à 1973 a pris fin avec le quadruplement du prix du pétrole. Celui-ci est à l'origine d'un manque à gagner considérable, qui n'a pas été compensé par une croissance suffisante des exportations. Le déficit qui en résulte, risque à tout moment d'être aggravé par l'accroissement des importations que provoque en l'état actuel toute accélération de la croissance.

Sans doute les gains de productivité massifs apportés par l'informatisation, s'ils améliorent durablement la compétitivité, atténueront-ils notre contrainte extérieure. Mais ils ne garantiront pas pour autant le plein emploi. Pour surcompenser les dégagements de main-d'œuvre que suppose souvent le retour à la capacité concurrentielle, il faudrait augmenter les débouchés extérieurs dans des proportions que la situation du marché mondial rend peu plausibles (17).

Or si les effets de l'informatisation se limitaient à un meilleur équilibre externe au prix d'un moindre emploi, ils deviendraient vite insupportables. Le consensus social y résisterait d'autant moins que la crise actuelle est dominée par deux mouvements de longue durée :

— L'affaiblissement temporaire de la demande, qu'imposent à court terme les difficultés du commerce extérieur, vient aggraver une évolution de fond qui conduit la plupart des consommations traditionnelles à perdre leur élan. La saturation progressive de certains besoins en équipements automobiles ou électro-ménagers, le tassement probable de l'investissement en logement, sont à l'origine d'un ralentissement de la demande de biens de première nécessité. Celui-ci, déjà manifeste depuis quelques années, est probablement destiné à s'accentuer à l'avenir.

— La croissance de la population active pendant encore dix ans, malgré le renversement récent des courbes de natalité, l'augmentation du taux d'activité féminine, l'accentuation du chômage frictionnel que suscite le poids de plus en plus fort des emplois tertiaires par nature volatils, l'inadaptation de la formation dispensée par le système éducatif, vont de pair avec une accélération de la substitution du capital au travail. L'ensemble

---

(17) ... et même alors rien n'assure que les nouveaux débouchés permettront la création d'emplois en nombre égal ou supérieur à ceux des postes de travail supprimés lors de la période de rationalisation. Pour répondre clairement à cette interrogation, il faudrait être à même de mesurer les « contenus en emplois » des divers types d'exportation. L'appareil statistique français ne le permet pas. Faute de chiffres pertinents, deux intuitions s'opposent. L'une, la moins évidente, se fondant sur l'évolution des exportations vers des produits dans lesquels la valeur ajoutée incorpore une part de plus en plus grande de salaires, conduirait à penser que le commerce extérieur représente un volume croissant d'emplois. L'autre, plus probable, appuyée sur l'analyse d'une division internationale du travail, qui spécialise les pays développés dans les secteurs les plus élaborés et de ce fait les plus automatisés, conduit à craindre une diminution tendancielle du total d'emplois liés aux exportations, fussent-elles en croissance. En fait, seule une étude exhaustive permettrait d'infirmer ou de confirmer l'un ou l'autre de ces raisonnements.

de ces phénomènes trouvent leur expression dans un accroissement depuis 1969 du nombre des chômeurs. Déjà manifeste pendant les années d'expansion (1969-1974), il n'a cessé de s'accélérer depuis le début de la crise.

Afin de faire contrepoids, le VII° Plan se donne pour but une forte progression des créations d'emplois, à la fois dans l'industrie, qui devrait offrir 215 000 postes de travail de plus de 1976 à 1980, mais surtout dans le bâtiment et les travaux publics, les services et le commerce, les administrations, dont on attend 1 335 000 emplois supplémentaires. Ce sont ces objectifs ambitieux qui risquent d'être remis en cause par les effets prochains d'une informatisation accélérée. Seul dorénavant, un « nouveau modèle de croissance », visant à stimuler de nouvelles demandes, permet d'espérer le maintien de l'emploi.

4. Informatisation et nouvelle croissance

L'automatisation et la télématique, par le surcroît de productivité qu'elles apportent, par le renforcement de la compétitivité qu'elles permettent, autoriseront cette stimulation de la demande intérieure. Mais il faut en mesurer clairement la nature et la marge, sous peine de compromettre à nouveau l'équilibre externe. Il y a en effet un lien étroit entre l'intensité et le contenu des demandes nouvelles, leur mode de développement et de financement, et leur effet sur le commerce extérieur : la nature de cette relation exprime un choix de société.

A. Des demandes nouvelles

Le tassement des demandes traditionnelles est en partie lié à une structure déterminée des patrimoines et des revenus. Un transfert significatif de pouvoir d'achat vers les catégories sociales qui souffrent encore d'un bas niveau de vie, provoquerait une certaine relance de la demande globale pour des consommations coutumières en logement, automobiles, appareils ménagers, etc. Il ne faut cependant ni surestimer son montant, ni sous-estimer ses effets sur les importations. Ce n'est donc pas de ces demandes qu'on peut attendre, à titre principal, la restauration de l'emploi, à équilibre du commerce extérieur maintenu.

Mais une société moins soumise à des contraintes extérieures verrait s'élargir la possibilité de satisfaire des besoins d'une nature différente. Il y a une demande potentielle de services collectifs de transports, d'enseignement, de santé et d'aménités — culture, voyages, loisirs, animation des collectivités locales, etc. —. De son propre mouvement, l'offre s'y adaptera, se transformant, élaborant des produits neufs, venant partiellement à la rencontre des demandes nouvelles.

Les seules limites à l'extension de ces demandes nouvelles doivent être analysées sous l'angle de leur solvabilisation, et sous celui de leur effet sur le commerce extérieur. Elles susciteront une création d'emplois d'autant plus intense que les branches qui les satisferont seront moins productives. Cette improductivité sera d'autant mieux supportée, qu'elles se situeront dans un secteur «protégé» vis-à-vis de la concurrence internationale.

A cet égard, l'évolution spontanée, ou provoquée, de la demande vers les services collectifs, ou vers les «nouvelles aménités», favorise la création du maximum d'emplois pour le minimum d'importations (18).

Les modalités de financement de ces demandes nouvelles commandent leur efficacité pour l'emploi. Si elles sont régies par les mécanismes du marché, si elles correspondent à des besoins spontanément ressentis par les ménages, leur solvabilisation résultera (sous réserve du maintien de l'épargne) d'une diminution des demandes traditionnelles. En d'autres termes, ces demandes, si elles sont marchandes, opèrent sans tension inflationniste un transfert utile des secteurs exposés vers les secteurs abrités.

Si leur pilotage, et donc leur financement, résulte de décisions, et de transferts publics, le même résultat n'est obtenu que si les prélèvements ne pèsent pas trop lourdement sur les entreprises des secteurs exposés.

Il y a donc à la conduite d'une politique cherchant à concilier le maximum d'emplois, et l'optimisation du commerce extérieur une limite physique et une limite politique.

La limite physique est constituée par l'exactitude du dosage entre

---

(18) Les modèles de prévision ne permettent pas de mesurer les conséquences d'un basculement progressif de la demande vers les services collectifs et vers de nouveaux types de biens. Ils offrent néanmoins l'occasion de prendre conscience de leurs effets économiques : une variante du modèle DMS (cf. annexe n° 3 : « Informatique et macroéconomie ») fondée sur un transfert de la demande des ménages vers des secteurs tertiaires, fussent-ils les plus traditionnels (transports, télécommunications, services) met en évidence une relative amélioration de l'emploi, au prix certes d'une accélération de la hausse des prix.

secteurs « exposés » voués à la productivité maximale, et secteurs « protégés » des services collectifs et des aménités, destinés à absorber un maximum d'emplois. Elle est aussi dans la chronologie qui préside à leur substitution progressive.

Si l'orientation vers l'un ou l'autre de ces secteurs, contribuant différemment à l'emploi et à l'équilibre extérieur, pêchait par excès, par défaut ou même par anticipation mal mesurée, le dérapage serait immédiat. La société ne suporterait pas l'excès de chômage, ou le déséquilibre extérieur viendrait à nouveau stopper la croissance.

La limite politique est dans la réaction du corps social à l'importance des transferts destinés à solvabiliser les demandes nouvelles, si celles-ci ne sont pas purement marchandes et ne résultent pas d'une évolution spontanée de l'économie française.

Les conditions de la nouvelle croissance ne peuvent donc être réunies que si elles reposent sur un consensus social très large. Elles doivent se couler étroitement dans les spécificités propres à chaque nation.

B. Un choix de société

La contradiction entre l'emploi et le commerce extérieur est actuellement vécue par la plupart des pays industriels. Elle est plus accusée pour ceux, de taille moyenne, qui n'exercent plus mais subissent des effets de domination. Chacun d'entre eux cherche avec plus ou moins de bonheur à résoudre ce dilemme en fonction des atouts et des handicaps qui résultent de la compétitivité de son économie et de la nature de son climat social.

Les deux réponses « limites » sont celles des pays par ailleurs les plus avancés en informatique : les Etats-Unis et le Japon (19). Leurs choix pour l'informatisation de la société expriment, pour les premiers leur aisance, pour le second « la lutte pour la vie ».

La production informatique des Etats-Unis est prépondérante et ses applications sont les plus avancées ; la balance commerciale de cette branche est fortement positive depuis l'origine. Il y a d'innombrables leçons à recevoir de ce succès. Mais il apporte un faible enseignement sur la réponse globale au défi qui pèse sur la France. En effet, les Etats-Unis ressentent peu la contrainte de l'équilibre externe, à la fois parce que

---

(19) Cf. annexe n° 7 : « L'industrie informatique (Développement, politiques et situations dans divers pays) ».

la part du commerce extérieur dans le PNB est relativement faible, et parce que le système monétaire leur permet de vivre sans anxiété dans un déficit chronique.

En revanche, l'approche japonaise, telle qu'elle ressort des travaux menés par le Jacudi (20) esquisse une solution ambitieuse aux difficultés d'un pays moyen, très peuplé, totalement dépendant de son commerce extérieur, et dont la force principale réside dans l'intensité du consensus social. Elle place l'informatisation au centre de son projet de société. L'annexe n° 4 fait une analyse de ses excès et de ses faiblesses. Mais son intérêt réside dans le caractère global de la démarche. Elle cherche à répondre de façon parfaitement cohérente aux contradictions du développement japonais.

L'étude du Jacudi sur « les effets économiques et sociaux de l'investissement orienté sur l'informatisation » vise à montrer, à partir d'une batterie de critères, les effets bénéfiques d'un financement massif de l'informatique. Celle-ci serait appliquée à dix projets explicites (21).

Comparée à trois autres « scenarii » (22), l'option informatique, où dominent « les activités de la connaissance » (édition, radio, calcul, recherche, informatique) est censée gagner sur tous les tableaux : inflation, pollution, congestion. Surtout elle assure, par rapport à l'option industrielle traditionnelle, une croissance sensiblement plus forte et un meilleur équilibre de la balance extérieure.

Ce projet pêche par gigantisme et partialité (23). Il ne sera sûrement pas réalisé dans sa totalité, ni dans les délais prévus. Mais il paraît être le cadre conceptuel dans lequel s'insèrent les multiples expériences en cours au Japon.

Or son articulation est riche d'enseignements. Il s'agit de :

— consacrer des fonds publics considérables, prélevés sur les ménages, à solvabiliser autoritairement des demandes collectives latentes (enseignement, santé, circulation, etc.) ;

— offrir de ce fait des débouchés puissants et assurés à des industries nationales, transformées en sociétés d'économie mixte à « management » privé ;

---

(20) Cf. annexe n° 4 : « Société d'information et nouvelle croissance : examen de certaines approches étrangères (Japon, travaux américains) ».

(21) Liste des grands projets du plan Jacudi : annexe n° 4.

(22) — Une option industrielle prolongeant le « trend actuel ».
— Une option sociale où l'on assure à tous le maximum d'avantages en matière de santé, d'éducation, de logement, d'assurance, etc. : elle souffre d'inflation pour financer les équipements collectifs.
— Une option « loisirs » ou hédoniste où sont développés distractions, voyages, congés, etc. : elle provoque des congestions et une dégradation du cadre de vie.

(23) Cf. sa critique dans l'annexe n° 4.

— préparer ainsi le développement de produits adaptés à la demande prévisible du marché international.

Le projet Jacudi est donc intensément interventionniste et novateur. Il ne nationalise aucun facteur de l'offre. Mais il nationalise une part croissante de la demande. Il vise, à partir d'une injection de fonds publics, à infléchir le modèle de consommation, et, par ce biais, à accélérer à la fois la croissance et l'exportation.

Il repose sur une série de conditions et de présupposés qui correspondent peu à la situation française : une maîtrise exceptionnelle de l'informatique, une connaissance unique des évolutions du marché international, une très forte cohésion de la structure industrielle, une coopération intense entre le ministère de l'Industrie et les grands groupes privés, une absence de méfiance à l'égard de l'automation. Ce projet repose donc sur un type de rapport entre l'Etat et l'industrie, sur un consensus social, sur un ressort national, sur une absence d'individualisme, qui ne le rendent pas généralisable. Mais il est un bon exemple du seul type de développement qui peut aujourd'hui être pris au sérieux : celui qui apporte une réponse simultanée à la croissance, à l'emploi et au commerce extérieur.

Par rapport au modèle japonais, la France présente des atouts et des handicaps. L'individualisme français est, sans doute heureusement, un obstacle à la plasticité, à la mobilité que suppose le projet Jacudi. Mais en contrepartie, il permet d'espérer que les ménages, les groupes, les associations, rendus plus conscients des voies possibles d'un nouveau développement, pourraient mieux qu'ailleurs inventer des genres de vie et des types d'emploi nouveaux.

L'espoir est donc que l'évolution du modèle de consommation pourrait s'effectuer en France de façon moins dirigiste, quant à ses objectifs et à ses modes de financement, qu'il n'est prévu de le faire au Japon. Ses chances de réalisation sont loin d'être nulles. L'angoisse réside dans les délais qu'implique une telle mutation si elle reste spontanée, et dans sa faible chance d'efficacité, si elle est trop autoritaire.

Chapitre II

Télématique et nouveaux jeux de pouvoirs

Les effets sociaux de la télématique sont sans doute plus importants que ses effets économiques car ils bousculent les jeux traditionnels de pouvoirs. Mais ils sont aussi plus difficiles à cerner : il faut déterminer quel est le moteur principal, l'informatisation ou la société, alors que chacun de ces termes est ambigu.

Au sens large, ce qui modifie la hiérarchie, les conditions de travail, est moins la transformation de la machine que l'évolution des procédures et des organisations qu'elle entraîne. L'informatique s'inscrit dans un mouvement de rationalisation dont elle est la condition et l'expression la plus achevée.

La notion de pouvoir est double. Elle s'identifie d'une part à une série de rapports, sans cesse mobiles, par lesquels s'ajustent les champs de compétence, de commandement, de domination, à l'intérieur d'un système donné : il s'agit alors de « micro-pouvoirs ». Elle correspond d'autre part aux modes globaux de régulation de la société : marché, plan, rapports de classe ; c'est alors le Pouvoir qui est en jeu.

Les micro-pouvoirs changent quotidiennement et, dans une certaine mesure, sont modifiés par les innovations techniques. Les modes de régulation sont liés à des mouvements profonds et lents de la société. Ils peuvent être apparemment bouleversés par des « courts-circuits » politiques qui entérinent des transformations acquises, ou les anticipent et sont inévitablement fugaces.

L'INFORMATISATION DE LA SOCIÉTÉ

La méthode retenue pour examiner les rapports entre l'informatisation et les pouvoirs découle de cette constatation. Elle distingue un avenir de quelques années, et un horizon beaucoup plus lointain.

Les changements à très long terme font l'objet de la troisième partie de ce rapport. Seules seront traitées dans ce chapitre les conséquences prévisibles à brève échéance.

Celles-ci sont innombrables. Leur examen exhaustif était hors de portée. Le propos a donc consisté à délimiter quelques secteurs significatifs, et à analyser leurs réactions à l'informatisation. La seule ambition de ce travail, très imparfait, est d'amorcer, par quelques exemples, des études qui devraient être approfondies et élargies.

Les premières conclusions montrent que l'informatique est devenue aujourd'hui un outil d'une plasticité à peu près totale. Son organisation peut se couler, sans obstacle majeur, dans toutes les configurations de pouvoir, Elle bouleversera les règles et les conditions de concurrence entre de nombreux agents économiques, confirmera ou annulera des rentes de position entre le centre et la périphérie dans la plupart des organisations. Mais cette pénétration diffuse entraînera des modifications profondes dans des fonctions esentielles (médecine, enseignement, droit, sécurité sociale, conditions de travail), et par une transparence accrue, mettra en cause les sécurités et les privilèges nés des zones d'ombre de la société.

1. Un outil neutre en quête de configurations

L'informatique traditionnelle était hiérarchisée, isolée et centralisatrice. Les contraintes techniques préjugeaient du mode d'organisation et l'imposaient, car la présence des ordinateurs confortait les pesanteurs naturelles des entreprises et des administrations. Ses procédures renforçaient en effet le centre aux dépens de la périphérie, et les échelons de direction aux dépens des cellules d'exécution.

Désormais, l'informatique peut être déconcentrée, décentralisée ou autonome (24) : c'est affaire de choix.

A. L'informatique déconcentrée

Pour les utilisateurs les plus importants, banques, compagnies d'assurances, quelques entreprises, certaines administrations, les progrès techniques permettent la mise en place de réseaux organisant, autour d'un ou plusieurs ordinateurs centraux, toute une architecture de machines intermédiaires, et débouchant sur une multiplicité de terminaux installés dans les cellules les plus excentrées de l'organisation (guichets pour une banque, perceptions pour la Comptabilité publique).

Dans un tel système, les degrés de liberté de la base sont soit inexistants : c'est une fausse informatique déconcentrée ; soit définis a priori et limités : c'est l'informatique déconcentrée.

— Lorsque le système informatique s'appuie sur des terminaux « non intelligents » (*), non programmables, et donc exclusivement capables d'effectuer la réception et la saisie des données, les traitements échappent à l'utilisateur. Ils demeurent le fait des ordinateurs centraux ou intermédiaires. C'est, par exemple, le cas des systèmes électroniques de réservation : le guichetier utilise son terminal pour s'enquérir de la disponibilité des places et assurer, le cas échéant, la location.

De telles architectures de réseaux (*) constituent un raccourcissement de la chaîne traditionnelle ; celle où l'utilisateur transmet des données au service informatique, qui lui-même les traite et achemine les réponses.

---

(24) Pris dans leur acception juridique, les termes de déconcentration, de décentralisation et d'autonomie, traduisent mieux les organisations possibles que le vocabulaire professionnel — informatique répartie, microinformatique, miniinformatique, ... — qui véhicule des conflits d'intérêts.

Elles améliorent donc la qualité de la prestation, mais demeurent sans effet sur la répartition des responsabilités : c'est une « fausse » déconcentration.

— Si le terminal est « intelligent », donc susceptible d'être programmé et d'effectuer lui-même certains traitements, l'utilisateur pourra réaliser diverses tâches de façon autonome : c'est l'informatique déconcentrée.

Dans certains cas, tels les perceptions, ce sera dans un premier temps la simple automatisation de travaux effectués jusqu'alors à la main, comme la tenue des comptabilités. L'informatique déconcentrée n'est pas, en elle-même, le gage d'une déconcentration plus large des responsabilités. C'est la direction de l'organisation, ici la Comptabilité publique, qui continue de fixer la répartition des compétences entre les divers échelons.

Dans d'autres cas, tels les banques, l'installation de terminaux intelligents a permis de confier la tenue des comptes aux agents de guichets, ce qui accroît leur responsabilité.

Quelques compagnies d'assurances, enfin, comptent saisir les possibilités de l'informatique, pour confier à un même agent le traitement de l'ensemble des contrats de ses clients. Elles étaient auparavant organisées en fonction des sinistres : tel employé spécialisé dans l'automobile et tel autre dans l'incendie. Ici aussi, l'informatique est à la fois une incitation et un prétexte à la déconcentration des responsabilités. Elle va même jusqu'à susciter la remise en cause d'un mode d'organisation séculaire.

Dans tous les cas, c'est la direction qui choisit les degrés de liberté dont disposeront les cellules de base. Nul n'est de son chef habilité à programmer le terminal : c'est en cela qu'une telle informatique est déconcentrée et non décentralisée.

B. L'informatique décentralisée

Le développement des réseaux de communications, la multiplication des banques de données, permettront aux agents économiques d'utiliser librement un miniordinateur ou un terminal intelligent.

Les notaires, par exemple, dotés de tels matériels, peuvent acquérir des « paquets » de logiciel. Ceci leur offre la possibilité d'automatiser la comptabilité, le suivi des actes, les comptes des clients : ils peuvent faire ce qu'ils veulent. La capacité du terminal de se connecter (*) sur un réseau leur permettra en outre d'utiliser une banque de données juridiques, un recueil informatisé de jurisprudence. De même pourront-ils accéder à des sociétés de « services bureau » (*), susceptibles de traiter des applications que les limites de leurs machines leur interdiraient.

Le branchement offre des services à des agents économiques indépendants : c'est une « informatique décentralisée ».

C. L'informatique autonome.

Non connectés, les ordinateurs relèvent d'une informatique autonome, où l'usager est son seul maître. Nul fournisseur de traitement et nul gestionnaire de banques de données ne viennent le « démarcher ». La connectabilité recrée en revanche une informatique décentralisée.

En fait, la césure n'est pas aussi tranchée : tout appareil pourra un jour être connecté. Des desseins commerciaux peuvent conduire les constructeurs à ne pas annoncer cette connectabilité. Ils se réservent de la dévoiler ultérieurement lorsqu'ils auront des services à proposer.

Entre informatique déconcentrée, décentralisée ou autonome, le choix est donc possible. La nouvelle informatique échappe à la fatalité : s'il y a centralisation, c'est affaire de volonté, non de contraintes. Ainsi de l'entreprise ou d'une organisation tertiaire :

— Dans l'industrie, cette nouvelle informatique permet une plus grande autonomie de l'atelier de production ; un ordinateur régule les tâches, sans en référer de façon permanente aux services de direction. Mais elle peut constituer à l'inverse un facteur de forte centralisation : le réseau facilite la saisie des données à la base, et un suivi en temps réel des opérations de production. Les ouvriers perdent alors les quelques degrés de liberté qu'autorisait le caractère intermittent de la surveillance : ils sont plus intégrés encore dans le processus de production.

— Dans une organisation tertiaire, une banque par exemple, l'alternative apparaît très voisine : un réseau déconcentré donne l'occasion de centraliser l'ensemble des comptes clients, parce qu'il rend possible l'interrogation du fichier depuis n'importe quel guichet. Un système décentralisé confie en revanche la tenue des comptes à chaque agence, les ordinateurs centraux servant exclusivement à assurer les relations entre les fichiers. Ce choix n'est pas théorique : compte tenu de sa structure atomisée, le Crédit agricole pratique une informatique décentralisée. En revanche, les trois grands établissements nationalisés s'orientent vers des réseaux déconcentrés.

La nouvelle informatique oblige l'entreprise à choisir ses structures : elle met en cause des situations de fait et des positions acquises. Elle se heurtera de la sorte à des résistances.

Le même phénomène va se produire entre agents économiques, entre services administratifs, entre catégories sociales, en fait au sein de tout système mettant en jeu des micro-pouvoirs.

2. L'informatique au cœur des jeux de pouvoirs

A. Une remise en cause des conditions de concurrence

L'informatique classique demeurait interne aux entreprises. Elle ne changeait pas les relations avec leurs concurrents, partenaires, concessionnaires ou sous-traitants. La télématique en revanche transforme la capacité concurrentielle des agents économiques. Elle améliore la situation des uns, fait disparaître les avantages des autres.

Le développement de la monnaie électronique, l'extension des réseaux de réservation de places, l'informatisation du marché des denrées périssables en sont autant d'illustrations.

1. La monnaie électronique

Jusqu'à présent les échanges interbancaires ont moins fait appel à l'informatique que les traitements internes aux banques. De ce point de vue, le non transfert des chèques et ultérieurement la monnaie électronique constitueraient des progrès considérables : ils diminueraient le coût du traitement et permettraient une mise à jour plus rapide des comptes. En contrepartie, ils mettraient en cause les situations acquises.

Si les banques n'échangeaient plus les chèques de faible montant, elles supprimeraient de lourdes procédures : il leur suffirait d'inscrire les débits et les crédits et de s'informer réciproquement. Mais cet allégement des tâches ne serait pas neutre : les banques plus « tirées » que « remettantes » en seraient bénéficiaires. Elles sont donc favorables à ce projet, auquel répugnent les autres. Comme les quatre plus grands établissements se partagent également entre les deux catégories, aucun rapport de forces ne peut prévaloir et faute d'un arbitrage de l'Etat le désaccord est sans issue.

La monnaie électronique apporterait des bouleversements encore plus grands. Elle impliquerait la généralisation d'une carte de crédit à tous les détenteurs de comptes bancaires ; un vaste réseau en temps réel permettrait de vérifier au moment du paiement que le compte est créditeur. Les grandes banques perdraient l'avantage que leur confère la multiplicité de leurs guichets ; les prélèvements ou les paiements pourraient en effet s'effectuer dans n'importe quel établissement. L'approche de la clientèle serait transformée : c'est moins la densité des agences qui constituerait un atout que la capacité d'offrir des services personnalisés. Les petits établissements bénéficieraient alors de leurs avantages de souplesse et de connaissance de la clientèle. Les grandes banques riches en guichets sont donc hostiles à la monnaie électronique.

2. L'extension des systèmes de réservation électronique des places

Jusqu'à présent, les terminaux de réservation étaient installés, pour le transport aérien, dans les compagnies et chez leurs concessionnaires ; pour le transport ferroviaire, dans les gares et chez les agents SNCF. L'extension des systèmes de réservation à l'ensemble des agences de voyages ne soulève pas de problèmes techniques insurmontables : elle exige la mise en place de raccordements. La direction générale des Télécommunications a déjà réalisé les appareils nécessaires.

L'extension du réseau améliorerait les services rendus ; elle ferait perdre à Air-France l'avantage relatif que lui offre le grand nombre de ses concessionnaires. Un conflit d'intérêts oppose donc la compagnie nationale et les agences déjà équipées, à celles qui souhaiteraient accéder à ces installations.

3. L'informatisation de la cote des denrées périssables

Il avait été envisagé de longue date de créer sur les marchés de denrées périssables un réseau informatique assurant la diffusion des cours, afin de permettre les arbitrages. Le marché d'intérêt national de Rungis est équipé d'un tel système. Rendant les transactions transparentes, il aurait favorisé les consommateurs, interlocuteurs lointains et mal structurés ; en revanche, il heurtait de plein fouet les pratiques des intermédiaires et des grossistes qui tirent souvent de véritables rentes de l'obscurité des procédures : il n'a jamais fonctionné.

Ce blocage est particulièrement vif sur le marché de denrées périssables, où les transactions demeurent archaïques (25). Il se produit également sur tous les marchés de biens et services organisés en « sablier » : ceux sur lesquels un nombre limité d'opérateurs interviennent entre des producteurs dispersés et des acheteurs finals nombreux.

En assurant une diffusion plus large et plus démocratique de l'information, la télématique met en porte à faux tous les agents qui tirent parti de l'exploitation privilégiée de certaines données. Il en résulte des conflits, dont l'Etat ne pourra longtemps se désintéresser.

B. Les rapports de forces dans l'administration

Les effets de la nouvelle informatique sur les micro-pouvoirs ne se limitent pas aux seuls phénomènes économiques. Ils s'exercent aussi sur les situations de force qui existent hors du marché : entre les divers services administratifs, entre l'Etat et les collectivités locales. Le réseau est un facteur potentiel de domination :

— L'ensemble des directions administratives ne se dotera pas au même rythme de systèmes télématiques. Les plus riches disposeront d'outils performants et de capacité supérieure à leurs besoins ; elles seront tentées de prendre en charge les transmissions de services moins dynamiques. Ainsi, lorsque la Comptabilité publique gérera un réseau qu'elle utilisera à ses débuts à 20, 30 ou 40 % de ses possibilités, elle cherchera à assurer l'ensemble des transmissions du ministère de l'Economie et des Finances, à commencer par les données de la direction générale des Impôts. De même, équipée d'un réseau de 4 000 points d'accès, la Gendarmerie sera tentée d'offrir aux services de police une coopération, valorisant sa situation vis-à-vis de cette administration voisine et de ce fait rivale.

Sous cette emprise unificatrice s'effectueront des rapprochements dont la rationalité n'est pas garantie. Sans doute n'y a-t-il là aucune volonté de domination ; mais, une fois l'investissement réalisé, le souci de rentabilité appellera l'assujettissement de clients.

— La nouvelle informatique peut faciliter une modification des rapports entre l'Etat et les collectivités locales (26).

---

(25) Cf. Rapport sur les conditions de fonctionnement des circuits de distribution des produits frais par MM. Eveno, Hannoun, Lamy et Minc, inspecteurs des finances.

(26) Cf. document contributif n° 6 : « Informatique et pouvoir local ».

La diffusion de petits ordinateurs permettra à nombre de communes de prendre en charge des tâches qui souffraient jusqu'alors de l'étroitesse de leurs moyens financiers et humains. Pour sa part, le développement des réseaux est susceptible de faciliter les regroupements de communes : il permet de concentrer les moyens et de déconcentrer l'utilisation.

La télématique joue aussi sur les rapports entre l'Etat et les collectivités locales. Elle peut soit conforter l'atomisation communale, soit faire prévaloir des structures de regroupement, donc maintenir l'influence étatique ou la limiter.

Les pouvoirs publics doivent, on le verra, se donner les moyens de modeler leur administration et non se laisser porter par la « ligne de plus grande pente » de la centralisation.

C. La mise en question des positions sociales

Par ses effets de masse, la nouvelle informatique va désormais concerner des groupes entiers, par exemple le corps médical, le corps enseignant. Elle affectera aussi les qualifications professionnelles, au sein du monde ouvrier Ces mutations ont toutes chances de peser sur les modalités de défense des intérêts collectifs.

1. Informatique et corps médical [27]

La télématique peut modifier les traits de l'acte médical, les conditions d'exercice de la médecine et certaines de ses valeurs traditionnelles.

En rendant moins coûteux le recours aux soins, l'informatique risque de « médicaliser » une grande partie de la population, le moindre malaise devenant prétexte à une multitude d'examens. Tout le mal-être social va se transférer vers la médecine, au moment où ses structures traditionnelles seront remises en cause.

L'informatique fera en effet éclater les spécialités, en restituant au généraliste des fonctions qui lui étaient interdites. Il pourra par exemple interpréter un électrocardiogramme, se substituant en partie au cardiologue. Cette banalisation de l'acte ne se limite pas à un transfert de compétences du spécialiste au généraliste ; elle rend aussi plus floue la frontière entre le rôle du médecin et celui de l'auxiliaire médical. Celui-ci

---

(27) Ce problème est traité dans le document contributif n° 4, qui concerne plus généralement l'ensemble des effets de l'informatique sur la médecine.

verra sa responsabilité accrue : dans quelques cas, il pourra même se passer de tout concours. Ainsi, en anesthésie, la manipulation d'appareillages automatisés lui permettra de conduire seul une réanimation. Même s'ils y gagnent le temps de se consacrer aux tâches les plus nobles, les médecins se sentiront alors privés d'une fraction de leur activité professionnelle.

L'informatique peut modifier la position du praticien face à son environnement. L'éventuelle mise en place d'un réseau, liant les caisses d'assurance-maladie et les cabinets, transformerait les conditions d'exercice de la profession. Les préoccupations économiques pèseraient davantage, ramenant le médecin au statut plus modeste de prestataire de services.

L'informatique met aussi en cause les conditions d'exercice du secret médical et appelle à ce titre des précautions particulières.

2. Informatique et corps enseignant

L'ensemble des incidences de l'informatique sur l'éducation n'a pas été analysé dans le cadre du présent rapport. Mais il n'est pas apparu inutile d'esquisser une hypothèse.

Le développement de l'informatique de masse peut transformer la pédagogie, donc le statut des enseignants. La machine et le réseau ne deviendront pas d'eux-mêmes les outils à enseigner que d'aucuns escomptaient. Former un élève ne se limite pas à communiquer des informations techniques ; aucun robot, si bien programmé soit-il, ne saura prendre à sa charge le colloque singulier de l'enseignant et de l'enseigné.

L'ordinateur apporte toutefois un renfort d'intelligence artificielle, qui peut modifier la relation au savoir. Avec son aide, l'élève pourra traiter de problèmes complexes et donc plus proches du réel : les analyses statistiques ne se limiteront plus à des calculs simplifiés et l'échelle des simulations s'accroîtra à l'infini. Il se développera peu à peu une relation différente, faite de dialogues, d'itérations successives, qui dessinera à chaque fois un cheminement original. Cette mutation, poussée dans ses conséquences extrêmes, métamorphose la pédagogie. Que signifieront alors les notions de programmes scolaires, les cursus préétablis, les césures entre disciplines dès lors que le rythme et la nature de l'enseignement varieront d'un élève à l'autre ?

Cette évolution, à laquelle peu d'esprits sont préparés exercerait sur le corps enseignant des effets voisins de ceux que connaîtra de son côté le corps médical. Les spécialisations s'effaceraient, les niveaux d'enseignement se diversifieraient, atténuant les rigidités statutaires sur lesquelles s'articulent les diplômes et les grades ; l'enseignement verrait son rôle centré sur une fonction de coordination, alors que des tâches pédagogiques plus mécaniques seraient effectuées par des auxiliaires. Dans une telle perspective, c'est tout un univers sociologique qui serait amené à se modifier. Compte tenu de l'état d'esprit du corps enseignant, c'est dire que cette évolution n'est pas évidente et ne serait pas rapide.

3. Informatique et qualifications professionnelles

La nouvelle informatique affecte les conditions de travail et donc l'insertion des ouvriers dans l'entreprise. Elle transforme les comportements par lesquels ils prennent en charge leurs intérêts. Elle pose à l'action syndicale des problèmes neufs.

Les conditions de travail (28) se modifient suivant un double mouvement. L'automatisation supprime certains emplois pénibles et permet un allègement des tâches. Par ailleurs, elle provoque la déqualification de nombreux travaux, accomplis jusqu'à présent par une main-d'œuvre très experte, par exemple les typographes ; la mise en place de machines automatiques banalise en effet leur métier et les remplace par de simples surveillants : c'est probablement la fin d'une aristocratie ouvrière. Ces effets se produiront sur une longue période. Les appréhender implique une analyse de fond que peuvent seuls mener les partenaires sociaux (29).

L'uniformisation des tâches s'accompagnera sans doute de nouvelles formes de pénibilité. Résultant davantage de l'ennui et d'une certaine monotonie, elles seront plus psychologiques que physiques : le travail se vivra différemment.

De telles évolutions vont intervenir au moment où l'informatisation exercera des effets sur l'emploi. La conjonction de tous ces phénomènes modifiera à terme les thèmes essentiels de l'action syndicale : niveau de rémunération, durée du travail, qualification et déqualification des tâches, emploi. Plus encore, c'est le jeu, si difficile, des revendications unificatrices et de la défense des intérêts catégoriels, qui est en train de se renouveler.

---

(28) Cf. document contributif n° 7 sur les conditions de travail.
(29) La CFDT a enrichi ce débat : cf. « Les dégâts du progrès » publié en juillet 1977 au Seuil.

3. Une stratégie de contre-pouvoirs

Les effets de l'informatique sur le fonctionnement de la société seront décisifs et peuvent être redoutables. Il faut donc que la puissance publique, rendue consciente des risques encourus, favorise la vitalité de contre-pouvoirs. Elle doit aussi et surtout mener cette politique dans son domaine propre, l'administration.

Les risques entraînés par l'informatique sur les libertés sont évidents, et même souvent sur-estimés. Ce qui est moins reconnu, ce sont les commodités qu'elle recèle pour la vie courante. Le choix des pouvoirs publics doit éviter de répondre aux craintes sur les libertés en bloquant l'efficacité. Il s'agit de les concilier.

A. Libertés, efficacité

Pour le grand public, l'informatique est ressentie comme une « mise en fiche », attentatoire à la vie privée et aux libertés. C'est là un des aspects les plus passionnels, et les mieux explorés des conséquences de l'informatisation. Les plus passionnels, car l'ordinateur et les fichiers ont pris une valeur symbolique qui cristallise les allergies à la modernité. Les mieux explorés grâce aux remarquables travaux menés par la commission Informatique et Libertés, les débats parlementaires qu'ils ont permis, et les textes législatifs qui en sont issus (30).

Mais pendant l'Occupation, la Gestapo fit assez efficacement son métier, sans disposer de fichiers électroniques interconnectés. Et la Suède, qui aujourd'hui possède les fichiers les plus riches et les mieux croisés, court peu de risques de devenir un régime policier. C'est dire qu'en cette matière la qualité du tissu social, le pluralisme des forces et le jeu des contre-pouvoirs l'emportent sur les « pièges liberticides » dus à la technologie. Les dispositions législatives issues des travaux de la « Commission Tricot » visent à institutionnaliser certains de ces contre-pouvoirs. Le meilleur avenir est celui où la société accepte les avantages de l'informatique, son efficacité et ses simplifications, en opposant à ses éventuelles indiscrétions un climat imperturbablement démocratique.

---

(30) Les problèmes juridiques liés à l'informatique sont recensés dans le document contributif n° 5.

B. Libertés, transparence, vulnérabilité

D'autant que plus de transparence sociale, une meilleure connaissance des situations collectives et individuelles, ne sont pas toujours un mal. Rentes, privilèges et fraudes se nourrissent de l'obscurité. Une société démocratique souffrirait de voir affichées, ou même utilisées des informations sur la vie privée, les opinions religieuses ou politiques, les mœurs. Mais fonctionnerait-elle mieux ou moins bien, si les revenus de telle ou telle corporation étaient, du fait d'une meilleure informatisation, moins incertainement connus ? Il est paradoxal de constater qu'en France c'est une liberté de pouvoir cacher ce que l'on gagne, alors qu'aux Etats-Unis, il est frustrant de ne pas savoir ce que gagne son voisin. Le but devrait être de conforter la liberté de tous dans la transparence, plutôt que de préserver les privilèges de certains dans et par l'obscurité.

Si la société est suffisamment démocratique pour secréter ses contre-pouvoirs, si elle est suffisamment mobile pour organiser la lutte contre la « nouvelle délinquance » éventuelle, permise par les techniques de l'ordinateur (31), le risque n'est pas dans la transparence.

Il est ailleurs, dans la fragilité de la société tout entière. Le management moderne tend à multiplier les centres névralgiques, dont la mise hors circuit paralyse des organisations immenses. Une utilisation trop centralisée, trop structurée, trop hiérarchisée de l'informatique tendrait à multiplier cette vulnérabilité aux « grains de sable », accidentels ou délibérés.

Le rôle des pouvoirs publics est de favoriser les forces qui contrarient ces tropismes centralisateurs, notamment au sein de leur propre administration. Dès aujourd'hui, il faut ne centraliser que ce qui doit l'être, fragmenter tout ce qui peut l'être, traiter sur place l'essentiel, ne faire remonter et interagir que l'exception.

L'action de l'Etat ne peut donc se borner à promouvoir également tous les modes d'organisation informatique. La pression dans le sens des réseaux structurés et centralisateurs est tellement forte qu'il est nécessaire d'aller à contrecourant. Certains reprocheront alors à l'Etat de mener une politique discriminatoire, en favorisant la promotion de l'informatique décentralisée et légère. C'est pourtant le seul moyen de maintenir des degrés d'autonomie et de responsabilité pour les acteurs les plus faibles du jeu social. Mais dans un pays moyen, le réaménagement des pouvoirs suppose une marge de liberté vis-à-vis des Etats et des groupes étrangers, qui pourraient le contrarier : ceci exige, dans quelques domaines stratégiques, un minimum de souveraineté.

---

(31) Cette question, non traitée ici, mérite un examen spécial : cf. Bibliographie, volume III des annexes.

Chapitre III

Télématique
et indépendance nationale

La télématique renouvelle et accroît les enjeux de l'indépendance Sans doute celle-ci réside-t-elle d'abord dans la santé économique et le consensus social ; certains pays prospères s'en satisfont. D'autres, plus inquiets sur leurs équilibres, plus nostalgiques de leur ancienne puissance, plus désireux de préserver leur influence et leur liberté, essaient de sauvegarder leur autonomie dans certains secteurs clefs. C'est dans cette perspective que les tournants de l'informatique, le développement des réseaux, la création des banques de données appellent de nouvelles actions.

1. Un nouvel impératif industriel

A. Les politiques d'antan

Dès l'apparition des premiers ordinateurs, l'informatique est devenue un secteur stratégique dans la plupart des pays ; conscients de la spécificité de sa matière première, l'information, les Etats se sont très vite intéressés à cette industrie. En fait, depuis 1945 peu de domaines sauf l'atome ont eu droit à une attention aussi sourcilleuse des gouvernements : cette vigilance traduisait la volonté de limiter la domination américaine, encore plus forte ici que dans toute autre branche. Ils y ont consacré des moyens importants, chacun suivant une stratégie conforme à son tempérament (32).

Le Japon s'est attaché à recueillir les connaissances technologiques nécessaires à la fabrication des ordinateurs. Il s'est ensuite fermé à toute ingérence extérieure, instaurant un protectionnisme draconien. Garantissant des débouchés à son industrie informatique, il en a fondé la croissance et la capacité exportatrice sur de longues séries.

L'Allemagne a pour sa part accepté dans un premier temps la prépondérance américaine. Elle s'est mise peu à peu, une fois acquise la technologie de base, à « germaniser » les produits : c'est là une politique qu'elle a suivie en d'autres domaines, tel le nucléaire. Elle a pu se forger de cette manière une industrie solide, axée sur des créneaux d'exportation.

La Grande-Bretagne a mené une politique diversifiée : le soutien à un constructeur national constituait un élément d'une action globale où le développement des applications, la formation des utilisateurs, les liens avec les télécommunications, avaient une place éminente.

La France a conduit une politique colbertiste. Le désir de construire les ordinateurs nécessaires à la force de dissuasion en a même accusé le caractère volontariste. L'effort s'est concentré sur une entreprise unique, placée dans la mouvance administrative, animée d'une volonté d'indépendance technologique, et gérée suivant des mécanismes qui mêlaient intimement les objectifs industriels et les contraintes régaliennes.

A des stratégies aussi diverses devaient correspondre des résultats inégaux. L'informatisation accélérée qu'ont connue tous ces pays a laissé une plus ou moins grande part aux produits étrangers. En 1975, les sociétés américaines fournissaient 45 % du parc d'ordinateurs au Japon,

---

(32) Cf. annexe n° 7 : « L'industrie informatique ».

60,5 % en Grande-Bretagne, 75 % en Allemagne, 83,5 % en France (après la fusion CII Honeywell Bull, le pourcentage était de 75 %). Ces données globales masquent des phénomènes dissemblables : des potentiels techniques plus ou moins développés ; des capacités exportatrices inégales ; des retombés différenciées sur les autres secteurs de l'informatique. Les « ruses de l'histoire » font ainsi de l'industrie française des services la deuxième du monde, alors qu'à l'origine elle n'était pas un objectif primordial.

Ces situations contrastées témoignent d'un combat déjà révolu : celui qui visait à réduire la place de l'industrie américaine, c'est-à-dire au premier chef d'IBM, par la seule maîtrise de la construction des ordinateurs. Aujourd'hui le défi a changé. La Compagnie IBM déborde l'informatique : les enjeux, le champ du débat et la nature de la compétition se sont modifiés.

B. La transformation du défi d'IBM

Pour faire face à IBM, il faut comprendre les raisons de son dynamisme, mesurer le poids de son succès, et tenter de prévoir les lignes de son avenir.

Cette compagnie a, plus intelligemment que quiconque, joué le jeu multinational. Appuyée sur le marché américain, le premier du monde, elle a su s'insérer dans la logique du marché des autres (33). Elle décentralise l'action industrielle et commerciale, mais garde la maîtrise centrale de ses stratégies essentielles de recherche, d'investissement, et de marketing.

Elle domine le secteur appelé au plus grand développement dans les prochaines décennies : l'information ira croissante dans la société de demain et l'informatique, puis la télématique l'accompagneront. IBM y est implantée, sinon seule, du moins avec une telle « réserve de puissance », qu'elle ne peut être durablement inquiétée. Contrairement aux groupes pétroliers, elle n'est menacée ni par des fournisseurs qui pourraient la prendre à revers, ni par des partenaires de cartel dont la solidarité n'exclut pas la rivalité, ni par les incertitudes et les embarras que connaissent tous les conglomérats.

Sa place (60 à 70 %) sur le marché mondial des ordinateurs traduit ses capacités techniques et commerciales, et explique sa vigueur finan-

---

(33) IBM France contribue de façon majeure aux exportations informatiques françaises.

cière. Celle-ci renforce une politique rassemblant dans une même main les atouts qui conditionnent, en aval et en amont, la pénétration de l'informatique : aucune entreprise, mais aucun Etat non plus, n'a de la même manière la maîtrise de la chaîne qui va du composant au satellite.

Jusqu'à présent le ressort d'IBM est d'avoir fondé son dynamisme sur une finalité commerciale. Elle a accepté, avec une rigueur exclusive, le jeu du marché, le conduisant, mais s'y pliant. Or pour elle, comme pour tous les constructeurs d'informatique, il s'agit dorénavant d'une activité différente : IBM a suivi le tournant de la nouvelle informatique autant qu'elle l'a suscité.

Premier utilisateur mondial de composants, IBM s'est aussi voulu le premier fabricant. Elle y est parvenue avec une rapidité et une efficacité impressionnantes. Dorénavant, la compagnie attache une importance exceptionnelle aux télécommunications. De cet intérêt témoigne son acharnement à obtenir de l'administration fédérale américaine le droit de lancer un satellite (34). Mais les communications sont désormais trop imbriquées, les capacités des satellites trop importantes, pour qu'IBM se contente de faire de la télé-informatique : elle annonce son intention de transmettre des voix, des images et des données. Elle sera dès lors conduite à concurrencer les organismes de télécommunications dans leur sphère traditionnelle d'activités.

Quiconque, Etat ou entreprise, opposerait une réponse à cette stratégie, en se concentrant exclusivement sur la construction d'ordinateurs résisterait à l'IBM d'hier, non à l'IBM actuelle, encore moins à celle de demain.

La réponse industrielle, on y reviendra plus loin, concerne tous les aspects de la profession informatique : composants, fabrication de mini et de péri-informatique, grande informatique, sociétés de services. Mais l'enjeu de souveraineté s'est déplacé. Il passera par la maîtrise des réseaux : ceux-ci conditionnent à la fois le contrôle des communications et la conduite du marché des ordinateurs.

Paradoxalement, le succès d'IBM et le champ de son nouveau développement donnent aux Etats l'occasion de s'affirmer comme interlocuteurs de la Compagnie sur un terrain où ils sont, s'ils le veulent, moins désarmés. Fabricant et vendant des machines, IBM avait des clients, et quelques rivaux. Maîtresse de réseaux, la Compagnie prendrait une dimension qui excède la sphère proprement industrielle : elle participerait, qu'elle le

---

(34) Après des tentatives qui se heurtaient aux réglementations anti-cartels, IBM est parvenue à obtenir cette autorisation en se présentant comme partenaire minoritaire d'une société, la Comsat, dont les actionnaires majoritaires sont des investisseurs institutionnels, voués à l'évidence au rôle de « sleeping partners ».

veuille ou non, à l'empire de la planète. Elle a en effet tout pour devenir un des grands systèmes mondiaux de régulation (35).

Certains ont été ou sont porteurs d'une eschatologie qui sans cesse tente de réaménager ses dispositifs opératoires : par exemple, l'Eglise catholique ou l'Internationale communiste. Chacun constate ou vit aujourd'hui les difficultés de ce tohu-bohu. Partant d'une situation inverse, IBM a vocation à devenir, à son tour, un des grands acteurs mondiaux. Elle en a d'ores et déjà l'appareil. Elle en a pressent peut-être les chances commerciales ; elle n'en mesure sans doute pas les contraintes politiques. L'ampleur de son succès obligera tôt ou tard la Compagnie à prendre une vue nouvelle de son environnement. Mais ceci offre aux Etats une opportunité d'ouvrir un dialogue renouvelé avec IBM.

La plupart d'entre eux sont peu préparés à ce débat. Il faudrait pour cela qu'ils prennent conscience de sa nouveauté, qu'ils renforcent leur position de négociation par une bonne maîtrise de leurs moyens de communications. La difficulté tient plus encore à ce qu'aucun pays ne peut jouer seul cette partie.

Les Etats se sont constitués pour établir, à l'intérieur des frontières, un équilibre acceptable entre les grandes rivalités économiques et sociales. Mais l'internationalisation des enjeux fait qu'aujourd'hui aucun gallicanisme économique n'est suffisant, pour que Rome ne soit plus dans Armonk (36). L'indépendance serait vaine, et aussi facile à tourner qu'une inutile ligne Maginot, si elle ne s'appuyait pas sur une alliance internationale ayant les mêmes objectifs. Une telle politique n'est pas aisée ; elle n'est pas non plus, on le verra, hors de portée. Elle serait de l'intérêt bien compris de tous les acteurs privés et publics de l'univers informatique. Chaque nation préserverait ainsi une marge pour promouvoir ses projets de société.

En revanche, la carence des Etats créait un vide, rapidement comblé par le dynamisme spontané de la Compagnie IBM. Or si celle-ci devait être « aspirée » par des problèmes de société, à résonance politique, qui ne sont pas dans la logique de son développement industriel et commercial, elle serait détournée de sa vocation. A étendre son domaine à des secteurs de puissance publique, elle risque de susciter des résistances et d'y dévoyer son efficacité commerciale.

IBM devrait souhaiter et faciliter une négociation qui définisse clairement les frontières du domaine régalien et du marché. Mais si l'on peut espérer qu'elle traite avec des interlocuteurs suffisamment puissants,

---

(35) Cette éventualité s'accorde avec le type d'analyse esquissé par M. Brzezinski dans « La révolution technétronique » (Calmann-Lévy, 1971).

(36) Siège d'IBM aux Etats-Unis.

il ne lui appartient pas de les constituer ou de les suppléer. C'est donc aux Etats, et pour ce qui nous concerne à la France, d'établir ce front des interlocuteurs publics.

2. La souveraineté par le réseau

Le développement des réseaux renouvelle le vieux problème des rapports entre les Etats et les moyens de communications. Ce n'est pas un simple réflexe régalien qui fait de la télématique un axe de souveraineté. La multiplicité des agents économiques qu'elle met en contact, son rôle de support dans les échanges d'informations, l'instrument de pouvoir qu'elle constitue, expliquent son importance. Faute de tenir le réseau, l'Etat ne pourra éviter les effets de domination, ni préserver une suffisante liberté pour chacun. L'informatisation se ferait alors sous l'influence des gestionnaires des moyens de communications : ceux-ci, pour des raisons légitimes de rentabilité, chercheraient essentiellement à verrouiller leur clientèle.

Si plusieurs constructeurs d'importance comparable se partageaient cette tâche, il serait possible, malgré les risques de cartellisation, d'escompter leur neutralisation mutuelle. Mais la toute puissance d'IBM déséquilibre le jeu : elle imposerait le mode, le rythme et les modalités de l'informatisation.

Maîtriser le réseau est donc un objectif essentiel. Ceci exige que son armature soit conçue dans un esprit de service public. Mais il faut encore que l'Etat définisse des normes d'accès : sans cela, les constructeurs les imposeraient, utilisant les voies disponibles, mais les soumettant à leurs propres protocoles.

Afin de maintenir l'avantage que leur aura acquis cette politique, les pouvoirs publics doivent dès à présent préparer l'étape des satellites. Dans cette double perspective, ils trouveraient des alliés potentiels dans « l'internationale des télécommunications ».

A. Le pouvoir de normalisation [37]

L'objectif est d'assurer la transparence des échanges en permettant aux utilisateurs de converser entre eux, indépendamment de leurs matériels.

---

[37] Le présent paragraphe traite l'aspect politique de la normalisation. Son contenu technique est analysé dans le chapitre suivant : « Le pôle des télécommunications ».

A défaut, il ne pourraient utiliser les machines ou les services d'un autre constructeur. En effet, garantir les connexions, malgré l'hétérogénéité des machines et des logiciels suppose, dans un premier temps, la définition de règles communes pour l'acheminement des messages : c'est une normalisation qui concerne la « fonction télécommunications ». Mais il faut en outre unifier les modalités de leur émission, en quelque sorte leur langue et leur syntaxe. Ceci implique des spécifications qui empiètent sur le domaine des constructeurs.

Le niveau de normalisation déplace donc la frontière entre ces derniers et les organismes de télécommunications : le débat est âpre car il y va d'un jeu réciproque d'influence. Mais l'objectif de souveraineté des pouvoirs publics dessine la stratégie : pousser de plus en plus cette normalisation.

Une telle action suppose toutefois deux préalables :

— l'internationalisation des protocoles. Mieux vaudrait en effet une absence totale de normes, que des règles purement nationales. Celles-ci isoleraient les agents économiques français, les priveraient de liaisons et de services étrangers et affaibliraient leur compétitivité. De plus, les matériels des constructeurs français deviendraient alors inexportables ;

— la capacité de faire accepter par tous ces contraintes. La normalisation constitue une cage. Si IBM n'y entrait pas, y enfermer l'un quelconque de ses concurrents, plus souple ou plus dépendant, le pénaliserait.

Sans doute le choix de cette politique peut-il ralentir le rythme du progrès technique : entre des règles d'autant plus unificatrices qu'elles sont durables et des évolutions d'autant plus rapides qu'elles sont peu régentées, l'équilibre est délicat.

Toutefois, du fait du dynamisme spontané des constructeurs et des réticences probables de certains organismes de télécommunications, une politique ambitieuse de normalisation ne contrariera pas à l'excès l'innovation. Au-delà, il importe de toute façon de préparer l'étape fondamentale des satellites.

B. Les satellites

Destinés à constituer le pivot des communications, maillon essentiel du développement des réseaux, voués à faciliter une imbrication croissante des transmissions, les satellites sont au cœur de la télématique. Eliminés de la course aux satellites, les Etats européens y perdraient un élément de souveraineté à l'égard de la NASA qui en assure le lancement et à l'égard des entreprises spécialisées dans leur exploitation, et notamment d'IBM. Capables de les lancer, de les construire et de les gérer, les Etats seraient, en revanche, en position de force. Ceci suppose une action qui excède les possibilités d'un seul pays :

— Construire les satellites est le préalable. L'industrie européenne peut aujourd'hui réaliser des appareils de faible puissance ; il lui faut, d'ores et déjà, se préparer à la génération suivante, qui bouleversera les modes de transmission.

— Ces satellites ne doivent pas constituer de simples « miroirs », réfléchissant les données d'un point à un autre, sans imposer des règles d'acheminement et de gestion des messages. Les constructeurs de réseaux ne seraient plus contraints de respecter les principes de libre accès. Il appartient donc aux Etats de mettre en place des protocoles, jouant ici un rôle analogue à celui d'X 25 (38) pour les réseaux à terre. Cette volonté se heurtera aux obstacles traditionnels. Les surcoûts qu'induiront les normes par rapport aux lignes transparentes, le risque de figer le progrès technique, les difficultés de réalisation sont autant de contre-arguments.

Toutefois, faute de satellites, les Etats ne seraient plus partie prenante au développement de la télématique. Mais faute de protocoles, les satellites qu'ils pourraient construire seraient de vains alibis.

— Concevoir et construire les plates-formes ne suffit pas : il faut encore les lancer. A dépendre de fusées américaines, les Etats bénéficieraient de prestations d'autant moins garanties que leurs satellites seraient capables de conforter un pôle de souveraineté non négligeable. Sans céder à l'obsession du complot, il faut se méfier d'éventuelles convergences d'intérêt et éviter que ne se développe sur un point crucial, les lanceurs, une dépendance qu'on essaie de limiter par ailleurs, sur les réseaux télématiques. Le programme Ariane paraît aller dans la bonne direction, mais il n'appartient pas au présent rapport d'apprécier s'il peut permettre de placer sur orbite les satellites à forte puissance des années 1985-1990.

De toute façon, une telle politique ne se conçoit que dans un cadre international : elle est trop coûteuse pour un pays isolé, tandis que la définition de protocoles au niveau du satellite exige comme toute action de normalisation un accord assez large. Là aussi, comme en matière de réseaux à terre, une politique vigoureuse s'impose afin que la France puisse trouver des alliés.

---

(38) Cf. annexe n° 1 : « Réseaux, télécommunications et télématique »

C. Des alliés potentiels

La multiplication des transmissions internationales a exigé des organismes de télécommunications une concertation permanente. Des investissements menés de concert, la définition de règles et de procédures, l'apparition de solidarités financières, suscitent une approche commune. Certaines instances spécialisées (CEPT au niveau européen, CCITT à l'échelon mondial) (39) forment le cadre traditionnel où s'exprime cette « internationale » des télécommunications.

Sans doute celle-ci connaît-elle des tensions, et des clivages. Il semble ainsi que l'administration des télécommunications allemande est rétive pour mener une politique européenne de satellites : elle y perdrait les redevances de transit, que lui garantit sa position au cœur de l'Europe. De même, l'adoption des techniques de commutation de paquets (*) pour les transmissions de données n'a pas été unanime : la Grande-Bretagne, la Hollande, l'Espagne s'y sont ralliées ou sont en voie de le faire alors que les pays nordiques demeurent partisans de la commutation de circuits (*). Ces oppositions restent vives tant que les problèmes en jeu demeurent internes au monde des télécommunications.

Face à des rivaux potentiels, l'internationale se reconstitue. La démonstration en a été faite lors de l'adoption du protocole X 25 pour la normalisation des transmissions de données : l'accord a été conclu, malgré la pression des constructeurs d'ordinateurs. La solidarité minimale est celle qui associerait les Etats européens. Elle aurait d'autant plus de poids qu'elle recueillerait l'appui d'ATT : celui-ci apparaît aujourd'hui possible du fait de la concurrence croissante qu'IBM exercera sur cet « empire ».

En définitive, la souveraineté des Etats peut se renforcer en jouant avec une entreprise américaine de télécommunications que sa situation rend proches, dans ses structures et ses intérêts, des administration européennes. Certes le risque subsiste de voir ATT parvenir à un accord avec IBM sur les marchés américain et mondial, voire à un partage d'influence sur le seul marché mondial, en dépit de la vive concurrence qu'ils pourraient se livrer aux Etats-Unis. Dans une telle hypothèse, les administrations européennes seraient affaiblies. Mais ceci est peu probable : les intérêts de ces mastodontes divergent ; leurs structures et leurs passés les rendent très étrangers l'un à l'autre.

---

(39) Cf. annexe n° 1 : « Réseaux, télécommunications et télématique ».

3. L'indépendance par la maîtrise de l'information : les banques de données

L'apparition des réseaux suscite le développement de banques de données qui se multiplient, surtout aux Etats-Unis et au Canada, tandis que la France commence à accuser en la matière un retard considérable (40). Une action vigoureuse mérite d'être entreprise par les pouvoirs publics, sous peine de voir naître une dépendance lourde de conséquences.

A. Un risque d'aliénation

Les banques de données bouleversent les conditions de la collecte statistique et de l'archivage : elles accroissent, sans limite, les capacités de stockage d'informations, qu'il s'agisse de la conservation des données brutes ou de références bibliographiques. Elles en modifient les conditions d'accès et rendent possibles les interrogations à distance, à condition d'être branchées sur un réseau.

Ce phénomène frappe de plein fouet l'ensemble des activités économiques, techniques, scientifiques, universitaires. Ainsi de la petite entreprise qui pourra désormais accéder à une banque spécialisée pour y trouver tel ou tel procédé de fabrication ; ainsi du service de prévision d'une grande société qui disposera de toutes les données économiques sur la conjoncture. L'ensemble de ces informations préexistait à la réalisation des banques de données, mais elles étaient la plupart du temps éparpillées, non maniables, d'un usage difficile. C'est la facilité d'accès qui crée le besoin. Entre deux utilisateurs dont l'un fait intelligemment appel aux banques de données et l'autre se contente d'une information traditionnelle et rare, les conditions du jeu économique sont modifiées. De même en va-t-il pour les travaux universitaires, ou la recherche de créneaux commerciaux par une grande entreprise.

Les banques de données sont souvent internationales et le développement des transmissions permettra d'y accéder sans pénalisation tarifaire excessive depuis n'importe quel point du globe : d'où la tentation dans certains pays d'utiliser des banques américaines, sans en constituer sur le territoire national.

---

(40) Cf. annexe n° 2 : « Les banques de données ».

L'indifférence à ce phénomène repose sur la croyance que cette dépendance ne serait pas plus forte, ni plus inquiétante que pour tout autre type d'approvisionnement. Mais le risque est d'une autre nature. L'information est inséparable de son organisation, de son mode de stockage. A long terme, il ne s'agit pas seulement de l'avantage que peut conférer la connaissance de telle ou telle donnée. Le savoir finira par se modeler, comme il l'a toujours fait, sur les stocks d'informations. Laisser à d'autres, c'est-à-dire à des banques américaines, le soin d'organiser cette « mémoire collective », en se contentant d'y puiser, équivaut à accepter une aliénation culturelle. La mise en place de banques de données constitue donc un impératif de souveraineté.

B. Un « plan banques de données »

Les banques ne sont pas toutes équivalentes. Certaines peuvent demeurer l'apanage de professions et de groupes fermés et peu nombreux, alors que d'autres doivent être accessibles à tous, sous peine de peser sur l'équilibre des pouvoirs. Les premières sont destinées à quelques-uns, alors que les secondes sous-tendent, par exemple, la prévision et la planification nationales. Les unes se développent spontanément sous la seule initiative des futurs utilisateurs, tandis que les autres nécessitent une intervention vigoureuse des pouvoirs publics. Derrière leur création, leur diffusion, la réglementation de leur accès, se profile un problème de nature politique. Ce rapport ne peut traiter l'ensemble des questions juridiques, déontologiques que suscite ce développement rapide. Seule mérite d'être soulignée l'orientation générale : il n'est pas certain que tous les grands services placés dans la mouvance de l'Etat — universités, INSEE, ministères techniques — aient perçu l'importance stratégique des banques de données. En témoigne par exemple, le faible usage que les grandes institutions économiques françaises tirent des banques internationales, alors qu'il s'agit, à l'évidence, du substrat sur lequel bâtir un équivalent national. Dans ces conditions c'est à l'Etat qu'il revient de prendre l'initiative et d'inciter, juridiquement ou financièrement, les organismes compétents à s'y consacrer : de ce point de vue l'action gagnerait en ampleur et en efficacité si les pouvoirs publics élaboraient un « plan banques de données », recensant les institutions à créer, évitant d'inutiles recoupements, déterminant les responsables chargés de les mettre en œuvre : c'est la politique que suit notamment la République fédérale d'Allemagne (41).

---

(41) Cf. annexe n° 2 : « Les banques de données ».

Deuxième partie

Les points d'appui

Il faut donner à l'Etat un instrument de pouvoir, mais aussi inciter ses exécutants à s'adapter à leur nouveau marché. C'est le sujet du Chapitre I : « **Le pôle des télécommunications ».**

L'Etat doit en outre aider **les autres acteurs du jeu informatique** sans se substituer à eux : c'est le sujet du Chapitre II.

L'informatisation de l'administration peut la figer. A l'inverse, l'informatique peut l'aider à en faire moins, mais mieux : c'est le sujet du Chapitre III.

Chapitre I

Le pôle
des télécommunications

Les télécommunications sont le point de passage obligé des ordinateurs, chaque fois qu'ils communiquent entre eux. L'implantation et la gestion des réseaux commanderont la plupart des effets économiques, industriels et sociaux de la nouvelle informatique. Leur capillarité peut faciliter l'aménagement du territoire. Leurs tarifs arbitreront les intérêts respectifs des grandes et des petites entreprises ; ils faciliteront ou freineront l'accès des ménages aux nouveaux services et détermineront donc leur rentabilité. La politique des réseaux décidera si la télématique reste l'activité de quelques puissantes féodalités, ou si elle se diffuse démocratiquement.

Mais les télécommunications ne sont pas seulement un véhicule neutre de messages ; elles peuvent être les supports de protocoles de transmissions. Selon le degré d'ambition assigné à la politique de normalisation, elles peuvent « encadrer » l'informatique : banaliser les matériels connectés ; affranchir les clientèles captives ; restaurer la liberté des consommateurs ; égaliser les conditions de concurrence entre les constructeurs. Initiateur d'une stratégie concertée de « l'internationale des télécommunications », le pôle français doit devenir l'instrument d'un dialogue moins déséquilibré avec IBM sur les problèmes de souveraineté.

L'INFORMATISATION DE LA SOCIÉTÉ

Cette politique suppose un projet à long terme de la part de l'Etat, de vigoureuses capacités d'arbitrage, mais aussi des organismes d'exécution dynamiques, souples et attentifs au marché. Ces préalables ne sont pas aujourd'hui satisfaits. L'Etat disperse ses forces et les laisse sans coordination. Les conditions de réussite de Transpac montrent, à titre d'exemple, la nature de l'enjeu le plus immédiat et les réformes qu'il implique. Celles-ci peuvent aller jusqu'à la séparation des postes et télécommunications, et la création d'un ministère des Communications coordonnant les actions à long terme de toutes les parties prenantes.

1. Absence d'une stratégie unifiée

La situation actuelle laisse s'installer des rivalités mal arbitrées, sans distinction claire entre le pouvoir réglementaire et les fonctions d'exploitation.

A. Des intervenants multiples aux positions contradictoires

A la différence de la plupart des autres pays où les transmissions relèvent d'une même autorité (1), les télécommunications disposent d'un monopole général auquel échappe par dérogation, le système de radio-télévision géré par Télé-Diffusion de France (TDF). Pour les satellites, interviennent aussi le Centre national d'études spatiales (CNES) qui est chargé de leur lancement et de leur construction, et le ministère de l'Industrie qui, préoccupé de leur exportation, s'intéresse à leur mode d'utilisation, donc à leur nature. Appuyés sur des services que leur enthousiasme technologique conduit au « lobbying », dépositaires des intérêts de leur personnel technique, ces organismes nouent des alliances subtiles, en vue d'objectifs concurrents ou contradictoires.

Forte de sa puissance — 25 milliards de chiffre d'affaires, 130 000 salariés —, assurée de son avenir immédiat grâce à un plan d'investissements de 100 milliards en cinq ans, la Direction générale des télécommunications voit dans Télé-Diffusion de France un accident historique qu'il lui appartient de circonscrire et à la limite de circonvenir. Ne pesant au contraire qu'un milliard de chiffre d'affaires et 3 500 agents, mais bénéficiant de l'aisance financière que peuvent conférer la détention d'un monopole sur un marché en croissance et un système de tarification aux francs coûtants, TDF vise à multiplier ses services, à se différencier de la DGT, à se rendre ainsi indispensable. Elle recherche toutes les alliances qui lui permettent de ne pas se trouver en tête-à-tête avec son encombrant rival. Ainsi voit-elle dans le CNES un allié potentiel pour une politique de satellites éloignée des intérêts de la DGT : elle pense y trouver un renouvellement de sa légitimité. Quant au CNES, il n'a affaire à la DGT ou à TDF que pour un pan de ses activités. Toutefois, le poids de l'un et de l'autre le conduit à esquiver le dialogue avec le plus puissant, la DGT, et à monter un jeu de bascule en s'appuyant sur TDF.

---

(1) Cf. annexe n° 1 : « Réseaux, télécommunications et télématique ».

C'est en matière de transmissions de données, aujourd'hui sur les réseaux à terre, et demain sur les satellites, que la concurrence sera la plus vive entre TDF et la DGT. D'où l'âpreté du débat sur la maîtrise des plateformes spatiales. Il s'agit d'options décisives à long terme. Or les choix reposent sur des considérations hautement techniques (2). En l'absence d'une instance compétente, ces difficiles questions exigent un arbitrage du cabinet du Premier ministre, sans qu'interviennent toutes les analyses critiques susceptibles de faciliter des décisions, dont la logique voudrait qu'elles interviennent en dernier ressort, non en première instance.

B. Des tutelles dispersées, des pouvoirs réglementaires et une fonction d'exécution confondus

Le rattachement administratif des organismes de télécommunications fluctue au rythme des réorganisations gouvernementales. Alors que la DGT demeure rivée aux Postes et Télécommunications, TDF a été rattachée au Porte-parole du Gouvernement puis, après la disparition de ce ministère, directement au Premier ministre. Pour sa part, le CNES, relève du ministère de l'Industrie.

Cet éparpillement administratif rend difficile, voire impossible une politique commune. Les divergences sont tues et demeurent dans une obscurité qui permet à chaque organisme de poursuivre sa politique. Les arbitrages du cabinet du Premier ministre, lorsqu'ils ont lieu, sont d'autant moins aisés que TDF relève directement de sa tutelle.

---

(2) C'est ainsi que TDF affirme l'impossibilité pour un satellite de télévision directe d'assurer des transmissions de données, justifiant de la sorte la nécessité de disposer d'un satellite spécifique et de ce fait susceptible de lui revenir en propre. A l'inverse, la DGT considère que l'avenir est aux satellites mixtes, associant trafic téléphonique, transmissions de données et télévision. Elle espère ainsi replacer dans sa mouvance la diffusion de la radio et de la télévision. Quant au CNES, il semble conforter la position technique de TDF, allant à l'encontre de ce que les experts d'IBM nous ont affirmé.

De même, les organismes divergent-ils sur la possibilité éventuelle d'émettre vers le satellite à partir d'antennes individuelles de taille modeste. La DGT a affirmé que les interférences entre antennes d'émission seront suffisamment nombreuses pour empêcher l'émission individuelle et qu'il faudra utiliser de grandes antennes collectives. Le propos n'est pas sans conséquence : dans le premier cas — émission individuelle aisée —, le monopole d'Etat est techniquement débordé ; dans la deuxième hypothèse — impossibilité d'émettre individuellement — les contraintes technologiques viennent opportunément renforcer la base juridique du monopole. Sur ce point le CNES, qui n'est pas partie prenante à la préservation du monopole, a contredit la DGT : il considère que de petites antennes individuelles voisines pourront sans difficulté émettre vers le satellite. Il exprime la même opinion que les experts d'IBM, qui croient possibles de telles émissions.

Il n'appartient pas au présent rapport de trancher ces querelles. Mais, s'il apparaît paradoxal de voir se manifester des divergences aussi fortes sur des points bien précis, il est encore plus troublant de constater combien ces avis correspondent aux intérêts institutionnels des organismes qui les expriment.

Ces divers organismes jouissent en revanche d'un pouvoir très concentré : ils assurent simultanément la réglementation du service public et son application, jouant à la fois le rôle de tuteur et d'acteur. Cette confusion tranche par sa singularité. Des pays tels que la Grande-Bretagne, les Etats-Unis, le Canada, le Japon connaissent depuis longtemps la distinction entre le pouvoir d'orienter et de réglementer, et celui d'exécuter (3). Cette situation interdit au « pôle des télécommunications » de devenir l'instrument d'une politique. Elle nuit à la fois aux pouvoirs d'orientation à long terme de la puissance publique, à l'adaptabilité industrielle et commerciale des organismes.

Imposer des orientations cohérentes à l'ensemble du secteur exige en particulier de dissocier le rôle de réglementation des tâches d'exécution et de distinguer la fonction de transport et celle de service (3). Transpac (4) illustre la nécessité de ces réformes.

2. L'exemple d'une tâche immédiate : réussir Transpac

Le développement d'un réseau de transmissions de données et la recherche d'un haut degré de normalisation sont, on l'a vu, l'épine dorsale d'une politique de communications. C'est la tâche ambitieuse que les pouvoirs publics ont assignée à la DGT avec la construction de Transpac. Celui-ci doit être opérationnel dès 1978, et s'étendre peu à peu à l'ensemble du territoire : il a pour objectif une diffusion plus large de l'informatique, un accès facile et peu coûteux, un accroissement des services rendus aux usagers. Il peut promouvoir une normalisation poussée. Son succès est nécessaire.

Or, compte tenu de la nature du marché actuel des transmissions et de son horizon prévisible, il est évident que la réussite de Transpac n'est ni aisée, ni suffisante. Elle suppose de la part de la DGT une transformation profonde de ses pratiques commerciales traditionnelles, et un jeu nouveau avec des sociétés de services. Ces nécessités sont peu compatibles avec les structures actuelles. Par ailleurs Transpac n'est qu'une étape, fugitive et limitée, dans une stratégie à long terme de normalisation.

---

(3) Cf. annexe n° 1 : « Réseaux, télécommunications et télématique ».
(4) Transpac est un réseau public qui pourrait transmettre des données informatiques du courrier et divers types de messages. Les abonnés y accéderont soit directement, soit par téléphone. Ceci devrait permettre à de nombreux usagers de bénéficier pour un coût assez faible de services qui exigeaient jusqu'alors la location de lignes téléphoniques spécialisées.

A. Une opération de « marketing »
   insérée dans des activités de services

1. Une opération de « marketing »

— Le recours des grands utilisateurs à Transpac ne sera pas spontané : nombre d'entre eux met en avant la faible capacité des lignes, la sophistication des protocoles d'accès ou les problèmes de secret, pour écarter ce choix. Le propos est ambigu.

Les grands organismes, raisonnant déjà dans l'hypothèse de transmissions futures par satellites, préfèrent conserver leurs lignes spécialisées pendant la période intérimaire, et s'éviter ainsi les contraintes de raccordement au réseau public. Certains veulent toutefois y recourir partiellement, afin de bénéficier de ses ramifications dans les régions les plus lointaines. Cette option laisserait la part la moins rentable du trafic à Transpac (transmissions avec les agences bancaires les plus isolées par exemple ; liaisons avec des ateliers de production très excentrés). Ceci ferait en pratique de grands utilisateurs l'équivalent de petits utilisateurs.

Face à ces clients importants, essentiels car ils conditionnent la rentabilité de Transpac, la DGT doit avoir une attitude plus commerciale que technique. Or tel n'est pas le cas aujourd'hui. Ainsi la direction de la Comptabilité publique avait lancé des études préalables à la mise en place d'un réseau autonome, totalement indépendant de Transpac. Dans l'optique d'une stratégie active de transmissions de données, c'eut été un risque de voir un service public mener une action de « franc tireur ». L'Etat y aurait perdu tout argument pour convaincre les autres de rallier Transpac (5).

— Le problème est encore plus aigu à l'égard des petits et moyens utilisateurs. Si la DGT ne parvient pas à les attirer, la pénétration de l'informatique sera dangereusement freinée. La tactique de la DGT est délicate : elle ne peut se fonder sur un débat aussi personnalisé qu'avec les grandes entreprises, ni tirer argument des prestations particulières qu'elle pourrait offrir. Elle n'est pas en état de rechercher, seule, une clientèle dont le motif, pour se raccorder, est d'accéder à certains services (banques de données, possibilités de temps partagé, capacités supplémentaires de mémoires...). Il ne lui appartient pas de mettre en place de tels systèmes : sa taille, ses pesanteurs la rendent peu capable

---

(5) Le présent rapport a été l'occasion pour la direction de la Comptabilité publique et pour la DGT de rapprocher leurs points de vue et d'éviter de fâcheux double-emplois.

de la souplesse qu'exige un marché balbutiant et mobile. Elle doit en revanche accompagner le développement de ces services. Sur ce point, la DGT a besoin pour réussir d'entrer dans un jeu d'alliances avec d'autres promoteurs.

2. Une stratégie de services

Le développement de la télématique va s'accompagner d'une multiplication des possibilités techniques : courrier électronique, service message télévisuel, accès à des banques de données, journal à domicile, vidéo-conférence, etc. (6). Au cours des prochaines années, le marché fera la part des gadgets d'usage limité et des services majeurs. Toutefois, les pouvoirs publics ne sont pas démunis : des analyses de rentabilité, des études de marché, le recours à des « panels » d'usagers pourraient les aider à orienter les choix. Ainsi, des travaux menés à la demande de la DGT montrent l'importance prochaine du courrier électronique et le basculement rapide du courrier institutionnel, interne aux administrations et aux entreprises, de la poste traditionnelle à la poste électronique.

Ces perspectives sont importantes car elles conditionnent les marchés potentiels de l'industrie, permettant de réaliser en grande série des appareils peu coûteux et de standardisation poussée, donc exportables.

Souplesse de la DGT, démarchage persévérant, services commerciaux étoffés, mobiles et décentralisés, capacité de s'appuyer sur les sociétés de services comme intermédiaires naturels des petits utilisateurs, tels sont les gages d'une diffusion rapide et satisfaisante de Transpac. Ce sont là des défis auxquels une administration classique est peu préparée. Y répondre n'est pas de la seule compétence de techniciens même hors de pair, ni de cadres administratifs, même d'excellente qualité. C'est dire combien le succès de Transpac, pris comme exemple des transformations du réseau de communications, dépend d'une mutation institutionnelle interne. Mais celle-ci ne saurait suffire.

L'insertion de la télématique dans les administrations, la promotion de services dont la DGT ne sera qu'un support, appellent une instance de coordination qui harmonise les politiques. Ce serait à elle de choisir les services, d'en peser les coûts et les inconvénients, de confier à tel ou tel organisme, TDF ou la DGT, la maîtrise d'œuvre et le développement des projets.

---

(6) Cf. annexe n° 1 : « Réseaux, télécommunications et télématique », cf. document contributif n° 10 : « Les applications avancées de l'informatisation », monographie n° 10.

Cette impulsion est d'autant plus nécessaire que la période de rentabilisation de Transpact se compte en années, et que ses effets normalisateurs seront vains s'ils ne se conçoivent pas comme une phase transitoire.

B. Une étape insuffisante et transitoire dans la politique de normalisation

Bénéficiant de la capillarité du réseau téléphonique, pratiquant l'égalité devant le service public, améliorant l'équilibre entre les grandes entités, et les petits et moyens utilisateurs, Transpac peut être l'outil d'une diffusion aussi démocratique que possible de l'informatique. Mais ceci implique une dose élevée de normalisation.

C'est pourquoi, afin de faciliter le raccordement des petits utilisateurs, et surtout de leur préserver une marge de liberté dans le choix des services, Transpac s'appuie sur des protocoles polyvalents, qui permettront une banalisation des réseaux. Ainsi sera-t-il possible de faire communiquer deux interlocuteurs situés chacun dans une architecture informatique établie par des constructeurs différents (7).

— Il faut, dans un premier temps, promouvoir dans les instances internationales, CEPT et CCITT, l'adoption du « protocole d'appareil virtuel » (8). La bataille risque d'être rude. Elle élargirait les attributs du CCITT aux dépens de l'organisme international d'informatique, l'ISO, où s'expriment les grands constructeurs. Elle supposerait la définition de règles complexes. Elle se heurterait à l'opposition conjuguée de certains Etats et des constructeurs. Même si ces obtacles affaiblissent les chances d'un accord international sur un « protocole d'appareil virtuel », une politique active au sein de « l'internationale des télécommunications » n'en demeure pas moins essentielle ; ses retombées iront inévitablement dans le sens d'une normalisation accrue et de protocoles plus stricts.

---

(7) En fait, Transpac ne garantit pas une interconnectabilité totale. Le protocole X 25, que la DGT a réussi à faire adopter par les instances internationales, constitue une étape importante, en obligeant les architectes de réseau (*) à unifier une partie de leurs logiciels internes (*). Il demeure néanmoins assez éloigné du « protocole d'appareil virtuel », seule procédure technique qui permette à n'importe quel terminal de converser avec n'importe quel autre. Pourtant, ce premier niveau de banalisation impose des contraintes techniques et financières. Les constructeurs ne s'y plient pas sans résistance : leur objectif est moins de s'adapter à X 25, que de s'y conformer en modifiant le moins possible leurs réseaux. Ainsi IBM est-il parvenu à protéger son système SNA par une « boîte noire » qui permet de respecter X 25 sans bouleverser ses logiciels. Cela conduit à imaginer que les constructeurs préservent leurs systèmes dans l'attente de jours meilleurs, où ils pourront établir leurs communications en toute liberté, grâce aux satellites si ce sont de simples miroirs.

(8) Cf. annexe n° 1 : « Réseaux, télécommunications et télématique ».

— A défaut d'y parvenir en droit, la DGT peut réussir à instaurer un « protocole d'appareil virtuel de fait ». Il faut, pour cela, développer des logiciels de compatibilité entre les réseaux, en liaison avec les sociétés de services compétentes. Encore embryonnaire, cette politique trouverait un nouvel essor, si elle pouvait s'appuyer sur un pôle de pouvoir. Les Télécommunications peuvent conduire une telle action : elles bénéficient des compétences techniques requises, de moyens financiers substantiels et de la position centrale que leur confère aujourd'hui leur monopole.

L'éventuel succès de cette politique laisse l'avenir ouvert. Il ne le garantit pas. Si cette action sur les réseaux à terre ne préparait pas l'étape où des protocoles de même nature pourraient être imposés à la gestion des transmissions par satellites, la France, on l'a vu, aurait gagné une bataille, mais perdu la guerre.

3. Les instances d'une politique de communication

Pour donner aux pouvoirs publics la maîtrise de leur politique de communication, il faut dynamiser et coordonner l'action des organismes chargés de la mettre en œuvre.

A. Rendre plus dynamique l'action des organismes de télécommunications

La télématique ne représente sans doute qu'une dimension des télécommunications. Mesurée au nombre des abonnés, au montant des investissements, au chiffre d'affaires, elle apparaît marginale à côté de l'effort massif d'équipement téléphonique. Toutefois, le poids de ses clients, l'importance de ses effets économiques, l'enjeu de souveraineté qu'elle représente, en font un domaine suffisamment significatif pour qu'il soit légitime de soulever, à travers elle, certaines interrogations sur la gestion des télécommunications.

L'INFORMATISATION DE LA SOCIÉTÉ

La télématique est, il est vrai, particulièrement exigeante. Gérée dans le cadre d'un monopole, elle s'apparente à une activité concurrentielle. Si un candidat au téléphone n'obtient pas satisfaction, il ne peut se tourner vers un autre fournisseur ; en revanche, si les modalités de raccordement ne le satisfont pas, un abonné potentiel de Transpac peut trouver une solution temporaire et attendre les liaisons par satellite. Le succès de la DGT dans l'équipement téléphonique résultera de sa capacité à conduire un effort productiviste. Sa réussite dans la télématique dépendra du « leadership » subtil qu'elle exercera au centre d'un réseau d'alliances et d'associations. Inhabituelle pour un monopole sûr de son bon droit et de sa prééminence, cette politique implique plusieurs adaptations :

1. Elle exige de la DGT une approche commerciale. La politique d'un monopole consiste souvent à distribuer un produit, sans se soucier au préalable des besoins de son client. Au contraire, Transpac requiert un démarchage de la clientèle, l'offre de services susceptibles de justifier le raccordement, et enfin la capacité d'étudier avec les usagers importants un branchement « sur mesure ».

2. La DGT devra donc élargir son recrutement à des cadres commerciaux de haut niveau. Pour les intégrer de façon durable dans son effectif, il lui faudra adapter ses grilles indiciaires. Au-delà des conditions d'embauche, une action de longue haleine s'avérera sans doute nécessaire pour faire accepter les nouvelles recrues par des ingénieurs naturellement portés à privilégier la technique.

3. Si la direction ne prend pas en compte les objectifs du service commercial et se contente d'exiger qu'il vende des produits définis sans lui, l'échec est probable. S'impose donc une itération entre les « cibles de marché » et les contraintes techniques. Destinée à dialoguer de puissance à puissance avec IBM, la DGT doit développer une approche qui ne soit pas aux antipodes de cet interlocuteur.

4. Une telle pratique appelle des modifications institutionnelles. Elle exige une meilleure adaptation du personnel, la possibilité de répartir les tâches sans se heurter aux pesanteurs statutaires. Celles-ci tiennent moins à l'existence d'un statut qu'à son inadaptation. Les agents sont en effet régis par les règles générales de la fonction publique, de sorte que se posent sans cesse des problèmes de parité : entre agents des télécommunications et postiers au sein du Secrétariat d'Etat, entre les fonctionnaires de ce ministère et ceux des autres administrations. Ces difficultés sont d'autant plus aiguës que l'insertion d'emplois techniques dans des grilles indiciaires, essentiellement fondées sur des travaux administratifs, n'est pas aisée. La nécessité s'impose de prendre en considération la spécificité des télécommunications.

5. Etant donné les « masses de manœuvre » de la DGT (130 000 agents aujourd'hui), la centralisation est incompatible avec la souplesse d'exécution. La décentralisation de la gestion courante, d'une partie des investissements, du recrutement, sont inéluctables. Faute de les faire passer dans les faits, il n'est guère d'espoir de satisfaire la clientèle : les plans de marketing ne sont pas des ordres de bataille et une « armée » ne peut les mener suivant ses procédures habituelles.

Ces impératifs ont été analysés à propos de Transpac. Mais est-il souhaitable de rechercher des assouplissements pour Transpac seul, ou faut-il imposer cette métamorphose à l'ensemble des télécommunications ?

Récemment décidée, la création d'une société d'économie mixte pour Transpac traduit une première prise de conscience. Elle peut constituer une étape dans la bonne direction. Mais il est peu réaliste d'imaginer un petit service d'esprit commercial, adossé à une énorme administration encore bureaucratique. Les agents de l'un sont voués à être un jour les agents de l'autre ; les procédures financières ne cessent de s'entrecroiser ; le support de l'action commerciale de Transpac sera largement fourni par la DGT. De plus, Transpac ne constitue pas un investissement isolé : c'est le téléphone qui assure sa capillarité sur l'ensemble du territoire, de même que l'imbrication croissante des types de transmissions efface les distinctions tranchées entre le réseau de transport de données et les autres réseaux. Enfin, les problèmes de la télématique ont des effets qui débordent Transpac. Ils supposent, on l'a vu, une coordination de la DGT et de TDF, et une politique de satellites. Il n'y a pas dans ces conditions de solution pour le seul réseau Transpac ; c'est la gestion même des télécommunications qui est en cause.

Dès lors réapparaît un vieux débat : la cohabitation dans un même ministère, des postes, activité de main-d'œuvre, et des télécommunications, entreprise fortement capitalistique. L'évolution de la technique accentue le dilemme. Les télécommunications priveront, à terme, les postes de leur activité la plus rentable : le transport du courrier institutionnel sur les axes les plus fréquentés. Les deux services seront désormais non seulement différents mais concurrents. L'un vivra les problèmes de la stagnation ou même de la régression, alors que l'autre bénéficiera d'une forte croissance. Aux postes : la préservation d'un monopole à peine battu en brèche, la gestion de grands ateliers de main-d'œuvre à faible productivité, la nécessité de se préparer à des temps difficiles. Aux télécommunications : la maîtrise d'outils de plus en plus performants, la tâche de faire face à de puissants interlocuteurs privés, au premier chef IBM, l'obligation d'une agressivité commerciale de tous les instants. Les postes seront obligées de peser sur l'augmentation des frais de main-d'œuvre, alors que les progrès de productivité enregistrés par les télécommunications leur permettraient de mener une politique salariale plus généreuse, à laquelle les contraintes de parité font seules obstacle.

La séparaton des deux administrations est ainsi inscrite dans les faits. Si les pouvoirs publics ne la conduisent pas de longue main, elle s'imposera un jour dans un contexte lourd de tensions et de difficultés. L'objectif ultime est la création d'une société nationale des télécommunications. Mais sa réalisation suppose une évolution progressive. Poussée par la volonté du politique, une administration peut se transformer ; elle ne peut en revanche s'imposer du jour au lendemain une révolution. De nombreuses étapes sont possibles : création de deux budgets annexes, l'un pour les postes et les services financiers, et l'autre pour les télécommunications ; instauration de statuts du personnel plus en harmonie avec les impératifs techniques ; décentralisation des responsabilités vers les régions de programmes les plus importantes...

B. Vers un ministère des Communications ?

L'ampleur de la politique à mener, ses incidences internationales, le poids des organismes sous tutelle exigent un pouvoir de haut niveau. Quelles devraient être sa compétence et sa structure ?

1. Contenu de la tutelle

Il convient d'éviter deux malentendus :

— La tutelle des organismes de programmes de radio et de télévision doit échapper à l'instance chargée de la politique des communications. Réunir sous une même autorité les réseaux de diffusion, « le contenant », et les émissions, « le contenu », pourrait susciter des appréhensions. Elles sont légitimes.

— Coordination ne signifie pas fusion. Une fois le partage des tâches clairement effectué, il conviendrait d'accorder à chaque organisme une liberté garantissant son épanouissement. Dès que seraient terminées les guerres de frontières, la tutelle devrait utiliser TDF pour expérimenter des techniques de pointe et des marchés nouveaux, en la protégeant des pressions de son grand rival.

Il s'agit de délimiter le métier de chacun : à l'instance chargée de la politique des communications doivent revenir l'élaboration des options politiques, le choix des moyens, la définition des tâches. Pour cela, elle a besoin de prérogatives budgétaires. Il lui échoit naturellement l'exercice du monopole, l'énoncé de la politique industrielle (normalisation des matériels et des logiciels), la répartition des enveloppes globales d'investissement. C'est à elle de définir en outre, sans peser sur le marché, les principales applications, d'effectuer les choix tarifaires essentiels et d'assurer le dialogue politique avec les utilisateurs.

En revanche, cette instance de tutelle devrait s'interdire toute ingérence dans la gestion des organismes d'exécution ; leur action pourrait être encadrée par des contrats de programmes ou des plans d'entreprise leur laissant une grande autonomie.

2. Les instruments d'une vision à long terme

— La complexité des choix exige que la tutelle dispose d'un service économique assez étoffé, afin de ne pas dépendre exclusivement des études réalisées par les exécutants. Cette cellule stratégique devrait éclairer les décideurs sur les options alternatives qui peuvent s'offrir à eux.

— La tutelle pourrait s'appuyer sur un institut de recherches étudiant les effets à long terme des communications. Leurs conséquences économiques, sociologiques, culturelles méritent une analyse, qui n'est aujourd'hui effectuée nulle part. Quelques centres en traitent ici ou là (9). Aucun, toutefois, ne se sent en charge de l'ensemble de ces questions, ne bénéficie d'un soutien administratif précis et surtout ne se situe dans la mouvance d'un pouvoir décisionnel.

3. Structure de la tutelle

Un ministère des Communications ne doit pas prendre la forme du département actuel des Postes et Télécommunications, rebaptisé et renforcé par la tutelle de TDF et une tutelle partielle sur le CNES. Trop accaparé par la poste, et tendu sur l'effort d'équipement du réseau téléphonique, il n'aurait ni les dispositions, ni les moyens pour mener une politique de communications. Quelques schémas peuvent être soumis à la réflexion :

a) La solution la moins novatrice correspondrait au maintien, auprès du ministre des Communications, d'un secrétaire d'Etat aux Postes et Télécommunications, qui conserverait toutes ses attributions actuelles. Ne

---

(9) L'Institut de recherches économiques et sociales sur les télécommunications (IREST), l'Institut de recherche et d'information socio-économique (IRIS) de l'Université Paris-Dauphine, l'Institut de recherche d'informatique et d'automatique (IRIA) pour certains aspects, ainsi que des chercheurs répartis au gré des institutions universitaires s'y consacrent pour tout ou partie de leurs activités.

relèveraient donc directement du ministre, que TDF et, pour une part de ses activités, le CNES. Mais dans cette hypothèse, les relations avec la direction générale des Télécommunications passeraient par un secrétaire d'Etat, puissant et accaparé : le débat entre un ministère conceptuel et un secrétariat d'Etat gestionnaire serait inévitablement ambigu et déséquilibré, source de freins et de désordres.

b) Un choix plus vigoureux supposerait la nomination auprès du ministre des Communications d'un secrétaire d'Etat chargé des postes et des services financiers. De ce fait, la direction générale des Télécommunications relèverait alors directement du ministre. Cette formule permettrait de développer une politique coordonnée de communications, puisqu'il y aurait unité de tutelle. La transformation de la DGT en entreprise nationale s'inscrit dans ce schéma.

c) Si les pouvoirs publics préféraient l'institution d'une délégation générale aux Communications, rattachée au Premier ministre, ils rencontreraient plusieurs difficultés. La délégation pourrait se voir confiée la tutelle de TDF et celle, partielle du CNES. En revanche, ses relations avec la DGT seraient équivoques :

— si la DGT faisait l'objet d'un double rattachement au secrétaire d'Etat aux Postes et Télécommunications d'une part, au délégué général aux Communications d'autre part, ce dernier pourrait exercer en théorie ses attributions de coordination. En fait son ascendant hiérarchique sur le directeur général des Télécommunications serait incertain : nommés l'un et l'autre en Conseil des ministres, ils se situeraient à des niveaux administratifs équivalents. Celui, doté du pouvoir théorique, le délégué, disposerait de services de synthèse peu étoffés, alors que son subordonné, le directeur général des Télécommunications continuerait à diriger, comme aujourd'hui, un empire industriel : c'est la certitude de conflits.

— si la DGT demeurait sous la coupe exclusive du secrétaire d'Etat aux Postes et Télécommunications, le délégué général ne pourrait exercer ses fonctions de coordination qu'en faisant prévaloir, au nom du Premier ministre, ses arbitrages. Cette situation n'est pas inconcevable, comme l'a prouvé l'action de la DATAR. Elle suppose toutefois un soutien sans faille du Premier ministre, afin d'empêcher le secrétaire d'Etat aux Postes et Télécommunications de demander l'arbitrage incessant du chef du gouvernement.

La mise en place d'un délégué risque de conférer une tonalité trop technocratique à l'instance chargée de la politique des communications : l'ampleur des enjeux, l'importance des partenaires internationaux publics ou privés, exigent une autorité politique. La création d'un ministère des Communications est donc en fin de compte préférable à celle d'une simple délégation.

Chapitre II

L'Etat
et les autres acteurs
du jeu informatique

Renforçant le pôle des télécommunications, l'Etat fortifie ses moyens d'action. Insérant l'informatisation de l'administration dans une vision plus lointaine, il dessinerait, on le verra, un avenir où seraient mieux distingués ce qui lui est propre et ce qui doit revenir à la société. Ainsi établirait-il dans son propre domaine, la frontière entre l'intervention directe mieux circonscrite mais plus active et le libre jeu des acteurs.

Face aux sociétés de conseil, aux fabricants de mini, de péri, de grande informatique, aux industriels des composants, aux instituts de recherche, c'est-à-dire à toutes les activités informatiques extérieures à l'administration, une telle distinction s'impose davantage encore : l'Etat doit leur laisser la plus grande marge possible de liberté. Son rôle sera plus ou moins marqué suivant la situation : sans se substituer à eux, il les aidera à effectuer leur métier, en définira parfois les conditions et mènera, le cas échéant, des actions ponctuelles.

Aujourd'hui se posent aux pouvoirs publics trois problèmes :

1. Contrairement à l'industrie des grands ordinateurs qui a été construite de façon volontariste, certaines branches de l'informatique se sont développées d'elles-mêmes. Les sociétés de services constituent

un potentiel important, le deuxième du monde. Dans la mini et la péri informatique, plusieurs petits constructeurs se sont affirmés, sans réduire toutefois notre dépendance à l'égard de l'étranger. Mais ces activités demeurent très atomisées, réunissant des entreprises d'inégal niveau. Leur insertion dans une politique informatique d'ensemble n'est pas simple.

2. Cette stratégie informatique suppose des actions en matière de recherche et de fabrication de composants. Sans doute ces deux secteurs ne sont pas de même nature : l'un est désintéressé, étranger aux phéno-mènes de marché ; l'autre est très concurrentiel. Mais ils posent des questions semblables : comment améliorer notre « know how » dans des domaines où le savoir évolue rapidement, et en tirer ultérieurement les conséquences industrielles ? A cette interrogation commune répondent des approches différentes.

3. Le dernier acteur non étatique est l'entreprise française de grande informatique. C'est un problème en soi, mais aussi le fruit de relations traditionnelles et complexes avec l'Etat.

1. L'Etat face à des acteurs atomisés et dynamiques : sociétés de services et industrie de la mini et de la péri informatique

A. Les sociétés de services [10]

1. Un acquis solide

Les sociétés de services (SSCI) sont nées pour une large part du mode de tarification qu'imposaient les constructeurs dans les premiers âges de l'informatique. Ne facturant que le matériel, et ultérieurement certains logiciels, les industriels assuraient une mise en place qu'ils ne tarifaient pas, et dont la demande ne cessait de croître. Ils acceptèrent volontiers le développement de sociétés prenant en charge cette fonction. Les SSCI se sont ensuite éloignées de l'orbite des constructeurs. L'assistance technique aux utilisateurs cède progressivement le pas à l'élaboration de logiciels d'application, le rôle de consultant à celui de maître d'œuvre. Dans le même temps, les activités de « services bureau » se renforcent, offrant les avantages de la sous-traitance et de la disponibilité lors des à-coups. La diversification des tâches des SSCI est allée de pair avec leur ennoblissement : spécialisées en fonction tantôt de leur potentiel technique, tantôt de la multiplication de leurs clientèles, tantôt de la nature de leurs mandants financiers, elles offrent aujourd'hui une gamme complète de services. Ceux-ci se répartissent en deux grandes catégories : les prestations de machines et les prestations intellectuelles. Le premier ensemble regroupe toutes les activités de traitement : « service bureau », calcul scientifique, consultation des banques de données. Le second va de l'assistance technique et du détachement de personnels qualifiés à la conception et à la mise en place des systèmes les plus complexes.

Les SSCI françaises détiennent souvent le « leadership » de la profession en Europe. Les raisons d'un tel succès industriel, d'autant plus marquant qu'il est rare, sont multiples : le plan calcul a favorisé l'élaboration des logiciels que la CII, se concentrant sur les problèmes de construction d'ordinateurs, a sous-traités ; la filialisation des services

(10) Cf. annexe n° 9 : « Les sociétés de services et de conseils en informatique ».

informatiques de grandes banques ou de grandes entreprises offrait un marché captif ; une certaine méfiance à l'égard des constructeurs a pu, en dernier lieu, faciliter le recours à des tiers moins tutélaires. Ces facteurs favorables n'enlèvent rien aux mérites que constituent le savoir-faire commercial et les qualités industriels des SSCI.

2. Un atout important

Outre le rôle privilégié qu'elles peuvent jouer pour la normalisation, les SSCI offrent une alternative aux utilisateurs et sont un moyen d'atteindre la nouvelle clientèle des petits et moyens usagers (11) :

— Les constructeurs renouvellent leur approche par la mise en place de réseaux. C'est pour eux l'assurance d'en fournir les matériels et les logiciels, de les entretenir et surtout d'en réaliser, du fait de l'incompatibilité avec les autres systèmes, les extensions futures.

C'est pourquoi, l'action de l'Etat ne peut se limiter à installer un réseau public de transmission de données et à en banaliser les accès. Il lui faut libérer les utilisateurs du monopole des constructeurs dans la conception des grandes architectures : ceci permettrait de recourir à un agencement de matériels et de logiciels d'origines les plus diverses.

De ce point de vue, les SSCI représentent un atout important : certaines possèdent déjà la capacité d'élaborer les réseaux les plus sophistiqués. Quelques-unes cherchent à se glisser dans les interstices des constructeurs en élaborant des logiciels de compatibilité. Toutes devraient enfin tirer parti de la normalisation afin d'intervenir sur des réseaux conçus au départ par d'autres. Ainsi l'utilisateur aura-t-il une liberté de choix, disposant de plusieurs possibilités, les unes élaborées par les constructeurs, les autres par les sociétés de services : le marché tranchera.

— Le développement des petits ordinateurs répond aux besoins d'utilisateurs nombreux et atomisés. Même s'ils s'accoutument plus vite à l'informatique que ne l'ont fait les grands organismes, ces nouveaux usagers commenceront néanmoins par demander à leurs machines des travaux simples et traditionnels (paie, comptabilité, gestion de stocks, accès à des banques de données professionnelles). Dans ces conditions, les logiciels d'application ne sont pas d'une complexité majeure. Ils pourraient être très impersonnels : rien ne devrait davantage ressembler à la paie de telle petite entreprise que la paie de sa concurrente. La

---

(11) Cf. annexe n° 12 : « Les moyens et petits utilisateurs ».

facilité technique d'élaboration et l'intérêt de voir se développer des produits standards avantagent les SSCI. Elles peuvent en effet répondre aux besoins du marché ; elles bénéficient de la mobilité et de la souplesse que leur confère une dimension réduite. Elles sont en outre capables de satisfaire les préoccupations de clients désireux de personnaliser tel ou tel logiciel.

3. Le renforcement des sociétés de services

Point n'est besoin pour l'Etat de se substituer à des SSCI dynamiques. Il doit en revanche contribuer à leur efficacité, en leur offrant des marchés, en les aidant à exporter si elles en éprouvent le besoin, en leur donnant les moyens de s'insérer dans la politique de communications.

— Les SSCI bénéficient peu des commandes de l'Etat : 17 % de leur chiffre d'affaires contre plus de 50 % pour leurs homologues américaines. Cette situation est dommageable. L'administration représente en effet le client porteur : ses dimensions l'amènent à commander des systèmes importants et coûteux ; ses exigences techniques constituent autant de gages de qualité et de ce fait autant de références sur les marchés étrangers ; la permanence de ses besoins équivaut enfin à une garantie de chiffre d'affaires.

Soucieux d'asseoir leur autorité sur des services étoffés, et rencontrant ainsi la volonté des syndicats de multiplier les emplois publics, les responsables de l'administration embauchent des agents pour effectuer des tâches qu'ils pourraient sous-traiter. A leurs yeux, le travail administratif paraît gratuit, et toute prestation extérieure semble dès lors anormalement dispendieuse.

Seule une politique gouvernementale de longue haleine peut modifier ces pratiques. L'extériorisation de certains travaux soutiendrait les SSCI ; elle aurait aussi le mérite de dégager l'Etat d'activités pour lesquelles il n'est pas le mieux outillé.

— Il y a autant de problèmes pour exporter qu'il y a de prestations. Pour le traitement, l'extension à l'étranger de réseaux français est nécessaire afin de contrebalancer l'influence sur le territoire national de sociétés étrangères.

Pour les logiciels et les grands systèmes, les SSCI pourraient trouver un soutien auprès de l'Etat. Exporter « *Sofia* », ce n'est pas seulement vendre un produit informatique, c'est davantage encore apporter un ensemble de procédures douanières. De même, tel grand réseau de la direction générale des Impôts, ou du CNRS, reflète-t-il un système fiscal

ou le mode de gestion d'un organisme scientifique. L'exportation équivau
à promouvoir une technique administrative. Dans ces conditions, l'Eta
devrait aider les sociétés sur les marchés externes ; il pourrait jouer de sa
capacité d'entregent et notamment du contexte favorable que peuven
créer les relations de coopération.

— La politique de communications offre des débouchés aux SSCI
raccordements à Transpac, réalisation de protocoles de compatibilité, développement de services nouveaux, mise en place de banques de données
La mobilité, la créativité de ces sociétés les amèneront à multiplier leurs
interventions. Leurs intérêts convergeront en effet avec ceux de l'Etat,
l'expansion commerciale des uns renforçant l'action régalienne de l'autre.

B. La mini et la péri-informatique

La mini et la péri-informatique seront à l'avenir les marchés porteurs (12). Mais qui en profitera ?

La France est très dépendante de fournisseurs étrangers et surtout
américains : elle satisfait 20 % de ses besoins en ordinateurs de bureau,
40 % en terminaux et en miniordinateurs universels. Cette branche industrielle comporte néanmoins quelques entreprises dynamiques, ayant acquis
à l'exportation des positions assez solides.

La croissance de la demande sera telle à l'avenir que, sans une
industrie nationale puissante, le déficit externe s'accroîtra. Mais dans
un secteur aussi vivant, tout protectionnisme pénaliserait l'économie nationale. Par ailleurs, l'éparpillement des entreprises rend difficile l'action
publique.

L'Etat doit donc mener deux politiques, l'une d'incitation, l'autre de
précaution :

— Les procédures d'aides à la péri et à la mini-informatique viennent
d'être utilement coordonnées sous forme de contrats de croissance.
Mettant en jeu des ressources publiques infiniment plus faibles que
celles allouées à l'industrie des grands ordinateurs, elles permettent néanmoins d'accompagner le développement des entreprises contractantes
et de les aider à franchir certains seuils. Il n'est pas sûr que ces fonds

---

(12) Cf. annexe n° 7 : « L'industrie informatique ».

soient à la mesure des besoins : le capital de ces sociétés est étroit et leur capacité d'autofinancement limitée.

— Le marché est suffisamment porteur pour que le principal constructeur français, CII-HB, en fasse à bon droit un axe prioritaire de développement. Il serait à l'évidence malsain de lui interdire de fabriquer des matériels français de mini et de péri-informatique, qui sont le complément normal des grands ordinateurs au sein d'un réseau. Toutefois, le poids de cette compagnie, ses capacités financières et industrielles, les engagements antérieurs pris à son égard (13) feront d'elle, dès lors qu'elle choisira ce créneau, un concurrent écrasant pour les petites entreprises de péri-informatique.

Le rôle de l'Etat est donc d'éviter que la croissance de l'une se fasse aux dépens des autres. Il faut impérativement que l'ensemble des intervenants français prospère et reconquière une part d'un marché jusqu'ici largement détenu par leurs concurrents étrangers.

2. L'Etat face à l'acquisition du savoir et du savoir-faire : recherche informatique et composants

A. La recherche informatique

Jusqu'à présent, la recherche était tout entière orientée vers la création d'une industrie informatique française : elle contribuait en effet à l'effort collectif pour développer des matériels et des logiciels nationaux. L'action de la CII et celle de l'IRIA se complétaient. Aujourd'hui, la recherche est à un carrefour : la fusion entre la CII et Honeywell Bull a permis la création d'une entreprise davantage dirigée vers le marché et dont les études seront principalement guidées par ses objectifs commerciaux.

---

(13) Cf. annexe n° 7 : « L'industrie informatique ».

L'INFORMATISATION DE LA SOCIÉTÉ

Dès lors y a-t-il place au-delà de la recherche industrielle pour une recherche fondamentale ? Sur quel type de développement doit-elle s'appuyer ? Quelle stratégie l'Etat peut-il mener ? Ces questions appellent des réponses plus expertes que celles du présent rapport. Mais la recherche fondamentale reste à l'évidence indispensable. La télématique donne un poids accru aux problèmes de normalisation, de compatibilité, de portabilité, qui exigent des travaux de fond. Une politique tournée vers l'avenir ne doit pas se fonder sur les seules études industrielles. La recherche fondamentale peut se couler dans l'un ou l'autre de deux modèles, en informatique comme dans les autres domaines scientifiques :

— Dans certains pays, elle repose sur un tissu très dense associant centres de recherche, universités, entreprises. Celui-ci est fait d'un ensemble de contrats, d'échanges d'informations. Il suppose une circulation intense des hommes. Ce serait, en le définissant de façon sommaire, le « modèle américain ». Il exige beaucoup de souplesse, une grande perméabilité entre les institutions et de faibles clivages sociologiques.

— La recherche peut aussi résulter d'une action puissante et structurée, régie à partir d'un pôle de pouvoir : on pourrait la qualifier de « modèle CEA ».

Chacune des deux organisations a son avantage : elle s'acclimate plus ou moins dans tel ou tel pays, ou au sein d'un même pays dans tel ou tel secteur, au gré des mentalités et des traditions.

Dans le domaine informatique, la recherche française centrée sur la CII et sur l'IRIA relevait plutôt de la deuxième approche, plus colbertiste. Aujourd'hui, l'inflexion donnée à la politique industrielle est une occasion d'ouvrir à nouveau le débat. Il serait sûrement souhaitable que la recherche s'épanouisse de façon très décentralisée. Mais ceci apparaît actuellement peu probable. Rien ne pousse l'informatique à bénéficier d'une mobilité institutionnelle que les autres activités scientifiques n'ont pas suscitée. Aussi faut-il se résigner, au nom de l'efficacité, à un modèle centralisé de recherches.

Il reste à en trouver le pivot. Dans l'univers de la télématique, un seul organisme, le CNET (Centre national d'études de télécommunications) paraît susceptible de jouer un tel rôle : il est au cœur des mutations à venir ; il dispose d'équipes solides ; il bénéficie enfin de la manne financière du « plan télécommunications ».

Certes, le pays a intérêt à créer un tissu intersticiel vivant et dynamique. De ce point de vue, l'IRIA peut jouer un rôle pilote (14). Sa

---

(14) Cf. document contributif n° 8 : « Recherche et technologies de l'information ».

mobilité, sa souplesse, devraient lui permettre de lancer des contrats, de multiplier des échanges, de créer un climat et une communauté de recherche préparant l'avenir, notamment dans le domaine des utilisations de l'informatique.

B. Les composants

Les composants appellent paradoxalement les mêmes interrogations que la recherche informatique ; faut-il en faire un enjeu stratégique ? Si oui, comment s'y prendre ? La France est-elle en état de mener une telle politique ? Sur le caractère stratégique des composants, les avis autorisés divergent.

Pour les uns, c'est une question de souveraineté :

— A l'avenir, un clivage apparaîtra entre les pays qui maîtrisent la technologie des composants et ceux qui en sont dépourvus, comme il existe aujourd'hui une césure de plus en plus marquée entre les nations « nucléaires » et les nations non « nucléaires ».

— Les circuits intégrés auront en effet des applications importantes : ils vont pénétrer dans les secteurs de biens de grande consommation et peut-être en révolutionner les produits. Outre cette vocation générale, ils ont un usage spécifiquement informatique : d'un composant à un petit ordinateur, la différence est de plus en plus ténue. Sans industrie des composants, les constructeurs informatiques percevront-ils à temps les mutations technologiques ?

— Les fabricants de circuits intégrés deviendront producteurs de mini-ordinateurs. Abandonner ce secteur équivaut donc à contrarier les efforts pour aider la mini et la péri-informatique.

Pour certains autres, les composants n'ont pas de signification stratégique : le marché est assez vaste pour permettre à tous d'en acquérir sans pénalisation financière, ni risque de pénurie.

Notre expertise technique en ce domaine est faible. Il nous semble cependant que la renonciation à une industrie des composants comporte un immense risque : il faut donc s'y lancer. Pour ce faire, plusieurs méthodes apparaissent. L'une très dirigiste, très tutélaire, se fonde sur le pilotage par l'État d'une ou deux entreprises bénéficiant durablement de crédits publics et de marchés réservés. L'autre s'appuie sur un grand nombre de petites entreprises dynamiques : dans les pays où elles existent, certaines ont connu une réussite foudroyante, beaucoup sont mortes.

Entre ces deux politiques, il n'y a pas de choix de principe ; pour la recherche, l'action centralisée et structurée paraît s'imposer. Les composants semblent en revanche appeler une intervention plus souple, plus axée sur la logique du marché : la brièveté des générations de produits, l'absence d'impératif de taille, militent pour cette approche.

Cependant, la faiblesse du savoir-faire technologique et l'absence d'industriels prêts à se risquer seuls dans l'aventure rendent difficile l'action de l'Etat. Ce n'est pas à lui d'animer un réseau de petites entreprises, d'importer le « know how », de mener des politiques complexes de brevets et de redevances : à ce jeu, il risque de mettre en place des « arsenaux ». Il a besoin de relais industriels. Seuls les grands groupes qui interviennent dans le domaine de l'électronique, peuvent conduire un tel projet et par exemple acheter une ou deux entreprises américaines de composants. Ils ont en contrepartie l'inconvénient de leur taille et d'un mode d'action para-administratif. Il y a risque, si la lourdeur l'emporte, de retomber dans les arsenaux subventionnés.

Même si une action en ce sens était décidée, il demeure une double contradiction entre la nécessité d'un soutien de l'Etat et le besoin d'un secteur mobile et dynamique, entre l'intervention inéluctable des grands groupes industriels et leurs handicaps de départ.

3. La grande informatique

La grande informatique appartient depuis dix ans au domaine d'intervention traditionnel de l'Etat. Aujourd'hui elle se développe dans le cadre de l'accord CII Honeywell Bull. Celui-ci cherche à placer l'effort français dans une mouvance concurrentielle et modifie les relations entre l'Etat et le constructeur national. Les pouvoirs publics apportent des fonds importants à CII-HB pour lui permettre de s'imposer sur le marché, et d'y vivre ultérieurement par ses propres moyens.

Plusieurs questions se posent : certaines sont liées à l'entreprise et à ses capacités face à la concurrence ; d'autres aux relations de CII-HB avec les autres acteurs du jeu informatique ; les dernières à la possibilité d'associer le constructeur national à une stratégie plus large.

— Les problèmes propres à l'entreprise tiennent d'abord à la complexité de l'industrie informatique. Une fusion y est difficile : elle suppose des prouesses techniques afin d'assurer la compatibilité des produits. Ceci est d'autant plus compliqué que l'accord prévoit des échanges techniques entre CII-HB et son actionnaire américain. S'ajoute enfin la nécessité d'amalgamer les équipes sans traumatisme, ni arrière-pensée. La réalisation de ces objectifs est rendue plus ardue par la structure du marché, les alliances qui s'y nouent, les retraits qui peuvent s'y opérer.

L'opération est à peine lancée : le recul manque pour porter un jugement d'ensemble. Par ailleurs ces questions mettent en jeu la stratégie discrète de l'entreprise et celle de l'État : c'est à ce titre qu'elles doivent être traitées.

— Le poids du constructeur national donne une importance particulière aux relations qu'il entretient. Il peut interférer en effet avec la stratégie informatique des pouvoirs publics, notamment en matière de télécommunications. Il risque d'être en concurrence avec les entreprises de mini informatique et avec les sociétés de services.

Comme tout constructeur, CII-HB est concerné par la politique de normalisation de l'État. Cette entreprise peut, si l'on n'y prend garde, en être la victime. Les normes doivent en effet peser également sur tous et en particulier sur IBM. Si ce dernier parvenait à y échapper, il serait malsain d'y soumettre un de ses concurrents parce qu'il serait plus docile. En revanche, CII-HB et la DGT peuvent s'épauler sur le plan technique, se fournir des informations, procéder ensemble à des études, tirer parti de leur nationalité commune.

Avec les entreprises de mini informatique, le constructeur national a d'autres relations. Concurrent puissant face à des interlocuteurs plus modestes, il lui faut beaucoup de prudence pour éviter les effets pervers d'une lutte déséquilibrée.

Pour les SSCI, se pose un problème comparable. CII-HB est, dès aujourd'hui, la première société française de services : fabricant de logiciels standards, elle concurrence certaines SSCI. Les pouvoirs publics doivent y être attentifs. Un constructeur national, puissant prestataire de services, est un atout ; un constructeur national ou non, qui monopoliserait certains types de services, serait en revanche un handicap.

A long terme, les pouvoirs publics pourraient utiliser le constructeur national pour renforcer leur stratégie télématique. Encore y a-t-il un préalable, celui de voir cette politique exercer ses premiers effets.

L'INFORMATISATION DE LA SOCIÉTÉ

Si l'Etat parvient avec les autres gouvernements à imposer une normalisation à l'ensemble des constructeurs y compris IBM, CII-HB lui-même aura intérêt sur le plan commercial à profiter de la situation ainsi créée. En effet, l'utilisateur sera libéré, ce qui ouvre le marché au plus petit, CII-HB, davantage qu'au plus grand, IBM. A la limite, le constructeur français gagnerait alors à assurer la compatibilité de ses machines avec celles d'IBM.

C'est la capacité ou l'incapacité de l'Etat à mener le jeu informatique qui est déterminante ; la réinsertion du constructeur national dans la stratégie publique se fera alors d'elle-même.

Chapitre III

L'informatisation
de l'administration

Outre ses attributions régaliennes, l'Etat est la plus grosse entreprise de services du pays. A ce double titre, les rapports de l'administration avec l'informatique sont décisifs (15).

En tant que plus gros client, l'administration agit sur tous les acteurs de la profession informatique (constructeurs de machines, de réseaux, sociétés de services, etc.).

Utilisatrice, elle subit de plein fouet les effets de la télématique : elle peut les accueillir passivement, et au jour le jour ; elle peut aussi saisir l'occasion d'infléchir son évolution.

Le choix entre ces deux attitudes est fondamental pour la société tout entière. En effet, l'informatique est plus « structurante » dans l'administration que dans tout autre organisation, et l'administration reste un modèle dominant par son influence et son exemplarité.

Mais ce choix n'est pas aisé. Si les pouvoirs publics laissent l'informatique pénétrer en désordre, ils figent l'avenir. A l'inverse, aucun scénario global ne peut être imposé à partir d'un centre unique, sans étouffer la société ou bloquer l'Etat. Il faut donc concilier un maximum de liberté et un minimum de coordination, faciliter le changement plutôt que l'imposer.

---

(15) Cf. annexe n° 10 : « L'informatique et l'administration française ».

1. Laisser faire, c'est figer l'avenir

Laissée à l'initiative spontanée de chaque service, tempérée par des préoccupations préférentielles de politique industrielle, la diffusion de l'informatique dans l'administration a été extrêmement rapide.

Mais elle s'est faite de façon très inégalitaire, renforçant les cloisonnements ; ceci est d'autant plus préoccupant qu'elle immobilise pour longtemps les structures qu'elle pénètre.

A. Un développement inégalitaire

L'acquisition d'ordinateurs n'a jamais été considérée dans l'administration comme un investissement. Il en découle deux conséquences :
— les moyens qui lui sont consacrés ne sont pas ceux qu'appelle une dépense d'équipement massive et limitée dans le temps, mais ceux, ordinaires, des services ;
— faute de comptabiliser correctement le coût de ces dépenses, le recours à l'extérieur, par exemple à une société de services, semble prohibitif.

Dès lors, les services administratifs qui en ont les moyens embauchent à l'occasion de vastes projets des équipes nombreuses, dont la permanence ne se justifie plus lorsqu'il s'agit de faire fonctionner le système mis en place. Mais cette pléthore, en quelques endroits, d'informaticiens de très bonne qualité a pour contrepartie une pénurie ailleurs. Seules en effet les administrations les plus puissantes peuvent attirer et conserver ces techniciens.

Par exemple, la direction générale des Impôts a pu recruter et former en son sein le personnel de ses centres informatiques (16). A l'inverse, le peu d'intérêt traditionnellement porté par les magistrats aux tâches de gestion et de faibles moyens budgétaires, expliquent la médiocre automatisation du ministère de la Justice ; ceci n'est pas étranger aux difficultés de ce département pour faire face à l'accroissement de ses tâches.

---

(16) Cf. annexe n° 10 : « L'informatique et l'administration française », note jointe n° 3 : L'informatique à la direction générale des Impôts.

Entre ces deux extrêmes, il existe toute une palette de situations contrastées : de l'informatique la plus poussée à une carence totale, de l'informatique efficace au pur gaspillage, de l'informatique la plus sophistiquée à la plus fruste. Ce sont les administrations les plus traditionnelles et les plus riches, Finances, Armées, Police qui sont en avance sur les services tournés vers le public : Enseignement, Santé, Justice, Collectivités locales. Partout où la machine n'a pu suppléer l'insuffisance des moyens humains, la qualité des prestations s'est dégradée.

B. Un développement cloisonné

Dans la majorité des cas, chaque service s'informatise, sans se soucier des difficultés éventuelles que son projet peut entraîner ailleurs ; et surtout, sans mesurer les effets de « synergie » avec d'autres administrations qu'une meilleure concertation aurait pu procurer.

Les hôpitaux ont ainsi développé des systèmes de facturation des frais médicaux et des frais de séjour, sans qu'une collaboration s'institue entre eux et les services de Sécurité sociale. A l'intérieur de la Sécurité sociale elle-même, le cloisonnement en trois branches, dont chacune développe sa propre informatique, a conduit à la reprise manuelle de données produites par les ordinateurs des autres branches (17).

Sur la base du découpage actuel entre administrations, la direction générale des Impôts et la direction de l'Aménagement foncier et de l'Urbanisme établissent chacune une banque de données foncières, la première à des fins fiscales, la seconde dans une optique d'aménagement. Les définitions juridiques, la typologie des informations diffèrent ; toutefois il existe de larges zones communes, sans que personne ne s'en préoccupe. Outre le gaspillage, l'installation de ces deux banques pérennise le découpage administratif. Fortes l'une et l'autre de cet investissement, ces administrations sont armées pour résister aux tentatives de rapprochement. L'informatique rend plus difficile la réalisation ultérieure d'une administration unique des sols, le jour où on voudrait la réaliser. La démarche inverse aurait été plus fructueuse. Si une instance avait pu s'interroger sur l'avenir de l'administration des sols, elle aurait exercé son influence en

---

(17) Cf. annexe n° 10 : « L'informatique et l'administration française », note jointe n° 1 : L'informatique de la Sécurité sociale.

cherchant à installer une seule banque, afin de planter les premiers jalons d'un rapprochement futur.

C. Une rigidité pour des décennies

Plus d'une dizaine d'années séparent les premières études relatives à un grand système et sa mise en place opérationnelle. A titre d'exemple, *Sofia,* procédure automatisée de dédouanement des marchandises (18) fonctionne à Roissy et à Orly depuis 1976, soit neuf ans après sa conception. Il a fallu aussi neuf ans pour étendre l'informatisation de la gestion administrative et médicale des malades à tous les hôpitaux d' « aigus » de l'Assistance publique de Paris. De tels exemples pourraient être multipliés : il n'est pas un grand système actuellement en service qui n'ait été conçu avant la fin des années 1960. En fait, à moins d'accepter l'accroissement des moyens que l'Etat consacre à l'investissement informatique, la réalisation d'un projet fige une administration pour plusieurs décennies.

Continuer ainsi ne garantit pas l'efficacité : redondances et double-emplois, excès de moyens ici, besoins insatisfaits là, demandes budgétaires partout. Ceci n'assure pas le meilleur service public : les cloisonnements multiplient pour l'usager les procédures et les démarches. Ceci ne préserve pas la liberté : les services coercitifs trouveront toujours les moyens et les crédits d'assurer leur équipement, et de reconstruire les interconnectabilités qui leur paraissent nécessaires.

Ce mécanisme est cumulatif : sur la voie actuelle, le « fort » (une direction puissante, une administration centrale) sera de plus en plus fort, le « faible » (une direction démunie de moyens, un service extérieur) sera de plus en plus faible. Le scénario actuel, s'il se prolonge, façonne un avenir qu'aucune délibération politique n'aura prémédité et qu'aucune autorité, en aurait-elle l'ambition, ne pourra aisément infléchir. Sur cette pente, l'administration aura été subrepticement modelée pour les vingt ans qui viennent, par mille bonnes volontés divergentes.

Cette situation est d'autant plus grave que l'Etat n'est pas un organisme parmi d'autres. Il est en France un pôle d'entraînement, un exemple contagieux. Il conditionne la physionomie des institutions placées dans la mouvance publique (universités, hôpitaux, organismes de Sécurité sociale

---

(18) Cf. annexe n° 10 : « L'informatique et l'administration française », note générale.

et d'HLM, etc.), de la plupart des entreprises nationales, des collectivités locales, voire de multiples autres organisations industrielles ou tertiaires, dont le comportement demeure très étatique. A travers l'utilisation que l'Etat fera ou ne fera pas de l'informatique, afin de desserrer le mode hiérarchique traditionnel, il dessinera le cadre dans lequel à l'avenir la plupart des grandes bureaucraties se gèreront.

2. Illusions et dangers d'imposer un modèle

L'informatique offre des moyens pour réaliser les schémas les plus contrastés ; celui du « Tout-Etat », aussi bien que celui de l'extrême décentralisation. Piloter l'informatisation, c'est donc choisir un modèle de société. L'illusion, et même le danger, seraient de considérer qu'un tel choix, et a fortiori l'option décentralisatrice peuvent être imposés par un centre tout puissant, construisant pièce par pièce un scénario global.

A. Le scénario du « Tout-Etat »

L'informatique peut à l'évidence, c'est son risque et pour certains sa tentation, rendre plausible le scénario du « Tout-Etat ».

Celui-ci reposerait sur la multiplication des flux d'informations indispensables à la régulation d'un système vaste et complexe. Son organisation très hiérarchisée serait conçue en fonction des nécessités du « centre ». Deviendrait alors possible la réalisation du vaste système informatique, dont rêvent aujourd'hui certains. Il serait fondé sur l'attribution d'un identifiant unique aux entités élémentaires que sont les hommes, les entreprises et les sols. Celui-ci serait obligatoirement employé dans tous les fichiers. L'interconnexion, réalisée par des liaisons permanentes, permettrait une mobilisation quasi instantanée des informations élémentaires. Les seules irrationalités seraient liées aux conflits non arbitrés entre administrations.

Cette construction est aujourd'hui prônée par certains économistes soviétiques. Ils pensent que l'introduction de réseaux informatiques perfectionnés permettrait de pallier les rigidités, les incohérences et les gaspillages de la planification centralisée. Ceci est un leurre. La volonté de l'Etat est multiple, et le plus souvent incohérente, car exprimée par l'infinité de cellules administratives de base. Leur coordination implique des arbitrages innombrables qui se détruisent les uns les autres, s'emmêlent, ou débouchent sur un détenteur ultime du pouvoir qui écrase autrui d'arbitraire ou étouffe d'engorgement.

Personne en France n'oserait prôner ce scénario. Mais des pesanteurs innombrables y conduisent naturellement. L'unanimité se fait, explicite, pour en critiquer les conséquences, mais l'accord existe, implicite, pour pousser à sa réalisation : le rêve de rationalité d'une couche de techniciens et l'appétit d'égalité du plus grand nombre se conjuguent pour étendre les pouvoirs de l'Etat et de ses satellites.

B. Le scénario « décentralisateur »

Refuser cet avenir, c'est provoquer et escompter une double évolution : celle d'un Etat qui organiserait son propre dessaisissement ; celle d'une société civile prenant en charge des besoins satisfaits jusqu'à présent par la puissance publique. C'est aussi écarter une illusion.

La décentralisation va à rebours de réflexes profonds. La puissance atteinte par l'appareil d'Etat — ce que d'aucuns appellent le contrôle social — résulte d'un mouvement amorcé depuis plusieurs siècles, et vertigineusement accéléré depuis quelques décennies. Sans doute la floraison d'expérimentations, l'émergence du mouvement écologique, l'essor de la vie associative témoignent-ils d'une nouvelle capacité de la société civile à s'affirmer. Ces initiatives mêlent, dans un « mouvement brownien », un anti-étatisme de principe, la défense de certains intérêts particuliers et des nostalgies bucoliques. Elles se refusent à prendre en charge les équilibres de la société globale. Elles expriment souvent le désir de jouir cumulativement des délices de la vie agreste et des avantages de la civilisation post-industrielle.

Il est donc illusoire d'escompter la décentralisation du mouvement spontané de la société, mais plus encore d'imaginer que les pouvoirs publics peuvent organiser leur dessaisissement à partir d'une volonté unique et centrale. L'Etat ne peut imposer le changement ; il lui faut créer les conditions où autrui pourra le réaliser. Par l'ébranlement institutionnel dont elle est l'occasion, l'informatique bien utilisée peut être le levier de cette évolution.

3. Faciliter le changement

Nul organisme administratif, central, tutélaire, hiérarchique ne peut se substituer à la compétence des services, sans provoquer des résistances et des blocages. On ne peut concentrer entre les mains d'un seul la conception et l'exécution de systèmes informatiques pour toute l'administration, sans multiplier les rejets ou les erreurs.

En revanche nulle grande entreprise — et quelle plus grande entreprise y a-t-il que l'administration — ne s'abstient, sous peine de sclérose, de constituer en son sein une cellule analysant et prévoyant l'évolution de ses fonctions. L'Etat pourtant s'en dispense. Sans doute chaque direction réfléchit-elle sur son avenir et donc sur son informatique. Mais les tâches du moment sont pressantes. Donnerait-elle cours à l'esprit d'innovation, elle ne pourrait le faire qu'à l'intérieur de son propre univers ; il lui faudrait une vertu sigulière pour se remettre en cause.

Certes la direction du Budget exerce pour partie un rôle de synthèse entre les administrations, mais ses propres contraintes l'amènent naturellement à privilégier le court terme. Quant aux missions RCB (19), elles ont en charge des problèmes trop limités pour servir de noyaux de départ à une politique plus ambitieuse.

Force est donc de créer une instance et des procédures pour amener le pouvoir politique à s'interroger sur l'avenir de ses services. Cette fonction, qui ne peut être hiérarchique, doit consister à analyser le présent, à imaginer en symbiose étroite avec les directions concernées des projets cohérents et alternatifs, et à permettre ainsi au gouvernement d'exercer à temps de vrais choix. L'organisme chargé de porter cette « maieutique » de l'avenir doit être une délégation à la Réforme administrative placée auprès du Premier ministre.

---

(19) Rationalisation des choix budgétaires.

Composée pour son activité de prospective de quelques personnes de haut niveau (20), cette délégation ne devrait exercer aucune contrainte. Sa tâche serait d'analyse, d'éveil, d'alerte, de proposition, de persuasion.

Outre les problèmes de réorganisation dont elle se saisirait de son propre chef, elle serait associée aux travaux préalables à toute modification institutionnelle. En cas de désaccord avec le projet en cours, elle disposerait du droit de recourir à l'arbitrage du Premier ministre. En revanche, afin de conforter les projets qui lui paraissent bienvenus, elle utiliserait les ressources d'un fonds modeste, pour prendre à sa charge une partie des dépenses de réorganisation, normalement dévolues aux budgets des services communs de chaque ministère.

Les décisions les plus importantes seraient prises par un comité interministériel qui encadrerait l'activité de la délégation et examinerait ses propositions (jouant un rôle un peu analogue à celui du CIAT à l'égard de la DATAR). Cela donnerait une dimension politique aux projets administratifs essentiels (21).

Le risque de se cantonner dans des activités trop lointaines, voire futuristes, ne pèserait pas sur la délégation grâce au rôle permanent qu'elle devrait simultanément jouer dans la politique informatique du gouvernement.

Elle devrait intervenir avec souplesse, soutenant par exemple les actions menées pour libérer le consommateur : normalisation poussée, compatibilité des matériels, portabilité des logiciels. Elle pourrait veiller à l'harmonisation des réseaux inter-administratifs avec Transpac. Il lui faudrait enfin contribuer, peut-être comme prestataire de services informatiques, à rattraper le retard des administrations les plus démunies.

Cette procédure ne s'accompagnerait pas de la centralisation des moyens financiers ; seule une part préalablement fixée du « fonds pour la réforme administrative » serait dévolue aux interventions informatiques. Ceci permettrait d'alléger les dépenses des services maîtres d'ouvrage des projets, sous certaines conditions qu'il appartiendrait au gouvernement d'élaborer. Ainsi pourrait-on, à titre d'exemple, contribuer aux dépenses des directions allant à des intervenants français (constructeurs de grande ou de péri-informatique et sociétés de services). Cette bonification inciterait chaque direction à accepter les suggestions de la délégation. Elle préser-

---

(20) dont certains pourraient ou devraient ne pas être fonctionnaires (managers privés, universitaires français ou étrangers).

(21) Afin de résoudre les délicates questions de frontières et de compétences administratives, ce comité réunirait les ministres concernés autour du Premier ministre, du ministre de l'Economie et des Finances, du secrétaire d'Etat à la Fonction publique, qui en seraient les membres permanents.

verait la liberté des directeurs, à la différence de l'actuelle politique préférentielle.

La délégation devrait soutenir les administrations les plus faibles. Elle leur fournirait les responsables informatiques qui leur font défaut. Elle leur apporterait sa connaissance des interlocuteurs, constructeurs ou sociétés de services. Le mode d'intervention le plus simple consisterait à détacher quelques informaticiens pendant la période de réalisation d'un grand projet. Si ce détachement pose trop de problèmes, la délégation pourrait se substituer à l'administration défaillante pour conduire l'opération, agissant comme prestataire de services.

Afin de mener cette politique, la délégation aurait besoin d'un nombre suffisant de techniciens : ce pourrait être, pour une large part, des spécialistes travaillant déjà dans l'administration. L'accroissement des commandes extérieures aboutirait sans doute à alléger la charge de travail de certains services informatiques. Des emplois de haut niveau seraient ainsi dégagés et leurs titulaires affectés à la délégation. Loin de créer un corps des informaticiens publics dont la mise en place serait un facteur de rigidité, cette politique d'ambition plus modeste, vise à introduire ici aussi la souplesse et à préparer l'avenir.

L'informatique, à condition d'être diffuse, peut correspondre à un nouvel agencement des pouvoirs, et même le favoriser (22). Chaque groupe, chaque collectivité assurerait la collecte et le traitement des informations qui sont nécessaires. Mais loin d'impliquer la totale atomisation de l'infrastructure informatique, l'éclatement des responsabilités suppose une organisation solide des circuits d'information. Il exige la constitution de banques de données, publiques ou semi-publiques, d'autant plus puissantes que l'accès y sera aisé et démocratique et qu'elles devront satisfaire des utilisateurs polyvalents (23).

A un horizon lointain, rien n'interdit d'imaginer une claire distinction entre des attributs régaliens assumés avec toute la vigueur nécessaire et des fonctions collectives progressivement transférées à la périphérie.

---

(22) Cf. document contributif n° 6 : « Informatique et pouvoir local ».

(23) Quant aux secrets vraiment nécessaires, la technique permet aujourd'hui de les protéger sans difficulté. Les nuisances de l'informatique peuvent le plus souvent être combattues par de meilleures applications elles aussi informatiques.

Troisième partie :

Questions pour l'avenir

« La réponse est oui,
mais rappelez-moi donc la question. »

Woody Allen

« Trend is not destiny. »

Lewis Mumford

La réflexion sur l'avenir à long terme s'organise autour de deux hypothèses :

— Dans une société à haute productivité, les conflits s'élargiront progressivement à tous les éléments de la vie sociale, à tous les composants du « modèle culturel », par exemple le langage et le savoir.

— Face à cet avenir aléatoire, l'essentiel n'est pas de prévoir les effets de la télématique, mais de socialiser l'information.

Sur ces thèmes il ne s'agit pas d'apporter des conclusions globales mais de proposer un canevas d'interrogations.

Première hypothèse

Société informatisée, société de conflits culturels ?

1. Société à haute productivité, société conflictuelle

L'informatique permet et accélère l'avènement d'une société à très haute productivité : moindre travail pour une plus grande efficacité, et emplois très différents de ceux imposés par la vie industrielle. Cette mutation est amorcée : forte diminution de la main-d'œuvre dans les secteurs primaires et secondaires, montée des services, et surtout multiplication des activités où l'information est la matière première (1). Elle s'accompagnera d'un changement dans la structure des organisations et d'un basculement des attitudes à l'égard du travail.

---

(1) Aux Etats-Unis, les travailleurs agricoles représentaient en 1900 35 % de la population active totale contre 4 % aujourd'hui. La main-d'œuvre industrielle a culminé en 1950 avec un pourcentage de 40 %. La population employée dans le « secteur de l'information », moitié de celle du secteur industriel en 1940, est aujourd'hui le double (cf. annexe n° 4). Cette catégorisation est certes discutable (cf. annexe n° 4), mais elle met en relief un phénomène important. En France, sous les mêmes réserves, 45 % de la population active travaille déjà dans le secteur informationnel.

Cf. « Poids relatif de l'information dans l'ensemble des activités économiques » par MM. L. Ferrandon et J.G. de Chalvron — Publication de l'Ecole nationale supérieure des télécommunications — novembre 1976.

L'INFORMATISATION DE LA SOCIÉTÉ

En France, depuis la dernière guerre, se sont constitués de grands ensembles industriels régis par la loi des rendements croissants. Pour certaines productions, celle-ci subsistera : il faudra en respecter les contraintes sans illusion excessive sur les aménagements, participation et aménités, compatibles avec la discipline qui leur est inhérente. Mais quelques expériences françaises, et de nombreux exemples à l'étranger (2) montrent que les techniques nouvelles, et notamment celles liées à l'automation et à l'informatique, peuvent multiplier les domaines où la petite organisation l'emporte en efficacité sur la grande. Les tensions sociales, l'entropie, la vulnérabilité propres aux institutions trop vastes conduiront à généraliser cet éclatement de la production : l'atelier prendra le pas sur l'usine, la filiale sur le conglomérat (3). Progressivement, l'industrie occupera donc une place de plus en plus faible et beaucoup de ses implantations se fractionneront. En outre, la marche générale de la société exigera une quantité de travail productif décroissante. En terme de volume global, cette évolution est inéluctable (4).

La scène sociale traditionnelle tendra à se désarticuler, au fur et à mesure du passage de la société industrielle, organique, à la société d'information, polymorphe. Les rapports de production ne demeureront pas la matrice unique de la vie sociale. Les rivalités n'opposeront plus deux classes structurées par leur insertion dans les processus industriels mais des groupes mobiles et innombrables, conditionnés par la diversité de leur appartenance et de leurs projets. La source et l'enjeu de ces conflits s'élargiront à la société entière.

Comment la confrontation entre les groupes répartira-t-elle la charge ou le réconfort de l'emploi productif, la définition de sa finalité ? Dans un univers où se dissoudra la « valeur travail », le travail régressera-t-il en tant que valeur ? Fruit de l'héritage religieux, et de pratiques quotidiennes, sa vertu d'insertion et de sécurisation en fit durant des siècles la pierre angulaire de l'organisation sociale.

L'activité productive résiduelle sera-t-elle la corvée de l'armée de réserve des sous-prolétaires immigrés et l'apanage de quelques névrosés fabriqués dans les grandes couveuses de la technocratie ; subsistera-t-il une « classe laborieuse » vouée au discrédit des guerriers dans la Chine ancienne ? Le travail sera-t-il au contraire réparti entre une population plus nombreuse, mais partagée entre une activité principale assurant le statut et les garanties sociales, et de multiples occupations tournées vers

---

(2) Cf. par exemple la côte ouest des Etats-Unis, le Canada, l'Italie.
(3) Dès maintenant « small is beautiful » est devenu un slogan aux Etats-Unis.
(4) Ses prémisses se manifestent dès à présent : cf. première partie, chapitre II.

une production extérieure aux circuits marchands traditionnels, vers des satisfactions ludiques, ou vers la seule sociabilité ?

Quelles règles, quelles valeurs communes présideront à la coexistence fatale d'au moins trois formes d'organisations collectives : des grandes entreprises vouées à la rationalisation et à la productivité maximale ; des petites unités performantes ouvrant la voie à l'innovation, aux nouveaux produits, aux nouvelles consommations et dont la loi restera la combativité, le goût du risque et la quête du profit maximum ; des services publics, des coopératives, des associations, des groupes très décentralisés, peu soucieux de rendement économique et financier, mais consommateurs de main-d'œuvre et dispensateurs d'aménités ? Comment s'établira le dosage subtil, au sein d'une société conviviale sous contrainte d'équilibre extérieur, entre deux mondes aussi étrangers l'un à l'autre mais aussi indispensables l'un à l'autre, que celui du nucléaire et celui d'Illich ?

Le déplacement des conflits commence à être sensible dans la plupart des pays modernes. Ils continueront longtemps à se manifester dans l'entreprise. Mais leur détonateur émigre progressivement vers d'autres thèmes d'affrontement : la ville, la santé, l'éducation,... L'explosion étudiante de 1968 fut un premier signal de cette transformation que le mouvement écologique prolonge. Le foisonnement de la vie associative, la perception de solidarités de refus, de voisinage, de loisirs témoignent de nouveaux désirs, suscitent de nouvelles expériences, manifestent des tensions étrangères au monde de la production. Ces mouvements sont si bien perçus que la vie politique est aujourd'hui la course à leur captation.

Mais ils ne font pourtant qu'amorcer la transition vers la société à très haute productivité, où les conflits se porteront de manière privilégiée sur les facteurs culturels, où leur appropriation sera devenue le moteur de l'histoire.

C'est alors que la télématique va, lentement mais sûrement, peser sur des instruments majeurs de la culture : le langage dans ses rapports avec l'individu, et même dans sa fonction sociale ; le savoir comme prolongement des mémoires collectives, comme outil d'égalisation ou de discrimination des groupes sociaux.

2. Télématique et conflits culturels : langage et savoir [5]

Lorsque les Sumériens inscrivaient les premiers hiéroglyphes sur des tablettes de cire, ils vivaient, sans probablement la percevoir, une mutation décisive de l'humanité : l'apparition de l'écriture. Et pourtant celle-ci allait changer le monde. Aujourd'hui, l'informatique annonce peut-être un phénomène comparable. Les analogies sont frappantes : extension de la mémoire ; prolifération et mutation des systèmes d'information ; modification éventuelle des modèles d'autorité. La griserie des similitudes peut conduire loin. L'importance d'une telle transformation demeure cependant indéchiffrable pour ceux qui la vivent, sauf à la considérer avec l'œil de Fabrice à Waterloo.

La méthode même fait défaut : si l'informatique provoque à long terme une mutation décisive dans la langue et dans le savoir, elle entraînera des changements de la pensée, des concepts et du raisonnement, qui effaceront peu à peu les outils utilisés pour les deviner. Que faire ? Sinon poser des questions sans réponse et donner des réponses sans autre ambition que de soulever de nouvelles questions.

A. Télématique, langage et domination

La diffusion de plus en plus large de l'informatique au moment où le vocabulaire d'accès à la machine se banalise, induira des effets sur le langage et la syntaxe : pénétrant les activités fondées sur la communication (travaux de bureau, rédaction d'actes juridiques, composition de textes,...), la télématique recourt à une langue en apparence véhiculaire, en fait d'une nature différente, parce que modulaire.

Exemple à échéance proche, l'informatique de bureau cherche à reproduire les dialogues d'une manière strictement limitée à ses besoins et invente un langage épuré, pour communiquer aux moindres frais. Cette évolution s'affirmera au fil des ans : elle cumule facilité et efficacité, aux dépens d'une perte de contenu, plus sensible aux intellectuels qu'aux gestionnaires.

---

(5) Ce rapport ne peut analyser le déroulement et l'avenir des divers conflits « hors production ». Ont été retenus le langage et le savoir à la fois parce qu'ils sont au cœur de tous les autres conflits et qu'ils peuvent être à long terme directement influencés par la télématique.

Dans un premier temps, cette informatisation de l'écrit portera sur les textes les plus pauvres en « signifiants ». Ce ne sera pas une mutation majeure par rapport à un mode d'écriture déjà répétitif et mécanique. Mais au-delà ? Où s'arrêtera la communication informatisée, lorsque les ménages commenceront à être équipés en ordinateurs ? La question pourrait apparaître gratuite, s'il n'y avait le précédent des calculatrices électroniques. Nul n'aurait imaginé, il y a quinze ans, la floraison d'appareils peu onéreux, à la portée de chacun et d'abord des élèves : aujourd'hui la question n'est plus de savoir si le calcul va reculer, mais quand il va disparaître.

Que deviendra l'écriture traditionnelle, alors qu'une langue informatisée, plus fruste, mais suffisante pour exprimer l'essentiel des messages de la vie quotidienne, s'offrira à chacun ? Or le langage traduit et génère un mode d'organisation ; y toucher, c'est faire vibrer la société elle-même. Il produit et reproduit en effet la hiérarchie sociale : le parler des classes populaires est sans doute aujourd'hui plus éloigné de celui des couches dominantes que ne le sont leurs modes de vie respectifs. L'inégalité culturelle est désormais prépondérante et la langue y tient un rôle majeur. La généralisation du langage informatisé constituera-t-elle un facteur d'émancipation ou accusera-t-elle les différences ? Elle n'influencera pas également chacun des usagers. Sans doute ne cessera-t-elle de se perfectionner, de prendre en charge des dialogues de plus en plus élaborés. Mais sa propagation dans les diverses catégories sociales ne sera pas uniforme : elles manifesteront une résistance inégale à la pénétration d'un langage codificateur et sommaire. Leur perméabilité dépendra de leur niveau culturel : celui-ci n'étant pas semblable, la télématique exercera une influence discriminatoire. Davantage encore qu'auparavant, la langue sera devenue un enjeu culturel. Des groupes s'opposeront pour se l'approprier.

B. Télématique, savoir et pouvoir

Le modèle culturel d'une société repose aussi sur sa mémoire, dont la maîtrise conditionne largement la hiérarchie des pouvoirs. L'accès à des sources d'informations infiniment accrues entraînera des mutations fondamentales et pèsera sur la structure sociale en modifiant les modalités d'appropriation du savoir.

Avec la télématique, l'archivage change de dimension et de nature. La mise sur ordinateurs suppose un effort d'organisation fondé à la fois sur des contraintes techniques et des impératifs financiers. La constitution de banques de données va être à l'origine d'une restructuration rapide des connaissances suivant des contours aujourd'hui difficiles à définir. Cette mutation se fera à l'initiative des promoteurs de ces banques et selon toute probabilité aux Etats-Unis. Prévaudront de ce fait des critères secrétés par le modèle culturel américain.

L'informatique risque alors d'être à l'origine d'une de ces discontinuités autour desquelles pivote le savoir. Les frontières des disciplines seront plus fluides, plus mobiles, parce qu'elles résulteront de codifications multiples, de tentatives éparses, sans orchestration, ni dessein. Liée au premier chef à la nature des banques de données, cette évolution traduira aussi l'influence de la culture américaine, qui ne s'organise pas en corps de bataille et ne fonde pas des corporations. La multiplication des configurations affaiblira le poids des classifications unificatrices : le savoir y perdra le réconfort d'une tradition et d'une sociologie. Y gagnera-t-il une once de liberté ?

L'informatique va aussi bouleverser une culture individuelle constituée principalement de l'accumulation de connaissances ponctuelles. Désormais la discrimination résidera moins dans le stockage de savoirs, et davantage dans l'habileté à chercher et à utiliser. Les concepts l'emporteront sur les faits, les itérations sur les récitations. Assumer cette transformation serait une révolution copernicienne pour la pédagogie. La priorité donnée à l'acquisition d'un microsavoir universel est aujourd'hui liée à une conception de la culture dont l'école assure la pérennité. Celle-ci est inséparable des traits sociologiques du monde scolaire et universitaire, de la méritocratie particulière sur laquelle il se fonde, de l'idéologie dont les enseignants sont imprégnés. Ce basculement vers l'apprentissage des structures et des concepts se fera sans doute lentement. Il ouvrira une période pendant laquelle l'enseignement ne sera pas encore adapté à la métamorphose que représentent les banques de données. Pendant ce temps les enfants, pour qui l'école est le principal moule culturel, seront désarmés devant ce nouveau rapport au savoir.

Toute modification des connaissances s'est accompagnée de mutations sociales : la montée de la bourgeoisie a été concomitante de celle du livre, l'apparition des castes technocratiques du développement de l'économie, de la sociologie, de la psychologie, c'est-à-dire de nouvelles disciplines qui enrichissaient les modes d'action du pouvoir. La révolution télématique aura des conséquences aujourd'hui inappréciables. Il faudrait en effet une conception bien figée du changement social pour faire de celui-ci un « jeu de l'oie » où tel groupe reculerait de quelques cases et tel autre avancerait de quelques échelons connus à l'avance.

Deuxième hypothèse

Le projet
en avenir aléatoire :
socialiser l'information

1. Un avenir aléatoire

Si la première hypothèse est correcte, l'avenir devient imprévisible. Les grilles libérale et marxiste, contemporaines de la société de production, sont remises en cause par son dépassement (6).

L'approche libérale tend à confondre l'histoire et les lois économiques. Elle ne traite les conflits que sur le marché et tend à y ramener ceux qui lui échappent. Dès lors, la gestion vise à cantonner le champ de l'idéologie et à élargir celui du marché. La politique — dans la mesure où son objet est la perception et le traitement des luttes pour le pouvoir — est apparemment évacuée. En réalité, elle est escamotée : elle devient moins le lieu de l'action délibérée et explicite que le champ du non-dit. La vision du futur débouche sur une société post-industrielle apaisée. Elle

---

(6) « Ou l'on reste dans une philosophie de l'aléatoire, ou l'on s'en tient à des lois pauvres à détermination univoque et fixe... Le pluraliste a beau jeu de faire remarquer au dialecticien la pauvreté de ses structures, et l'erreur toujours recommencée de sa prospective. »
(Michel Serres, Hermès I)

suppose que l'abondance et l'égalisation croissante des niveaux de vie permettraient de construire la nation autour d'une immense classe moyenne culturellement homogène, et de dépasser les tensions.

L'analyse marxiste reconnaît les conflits, mais elle rattache leur mouvement au seul antagonisme de deux classes organisées par les rapports de production. Née des affres de l'accumulation primitive du capital, elle repose sur une vision simpliste, englobante et rigide des rapports de pouvoirs, incapable d'intégrer le foisonnement des sociétés modernes. Il n'est pas étonnant que l'avènement de la société sans classe soit la fin d'une histoire à laquelle doit conduire, de son seul fait, l'appropriation collective des moyens de production. C'est une vision au moins aussi mystifiante que la société post-industrielle.

La société d'information échappe à ces analyses, à ces prévisions. Débordant le monde de la production, elle façonne les besoins nouveaux en fonction de son projet, de ses modes de régulation, de son modèle culturel. Elle est le lieu d'une infinité de conflits décentrés, non articulés, ne relevant pas d'une analyse unificatrice. Certes la méthode systémique rend mieux compte d'une société multipolaire, mais celle-ci ne peut avoir de stratégie a priori. Ses valeurs mêmes seront l'objet de rivalités multiples, à l'issue incertaine : ce sera une société aléatoire. Plus va l'histoire, plus les gens la font, et moins ils savent quelle histoire ils façonnent.

Dès lors, le futur ne relève plus de la prospective mais de la qualité du projet collectif et de la nature des régulations sur lesquelles il s'appuie.

2. Jusqu'à présent :
une régulation sans projet,
un projet sans régulation

Le libéralisme fabrique des sociétés marchandes : c'est un système de régulation sans projet. Les gestions marxistes créent — mais elles ne sont pas les seules — des civilisations tutélaires : elles constituent des projets sans régulation. Tous deux réduisent la société à la mesure de l'information pauvre sur laquelle ils reposent.

Dans l'univers libéral, la concurrence et son expression, le système de prix, remplissent à la fois la fonction d'information, et celle d'arbitrage : ils assurent, tant bien que mal, l'ajustement des projets individuels solvables. La société entière passe sous la toise de la valeur marchande : le marché devient le seul facteur « totalisant » de la société, et le carcan totalitaire des valeurs.

Ce schéma a le mérite d'offrir une grille approximative d'interprétation et d'action tant qu'il s'applique aux flux d'informations régissant le comportement des producteurs et des consommateurs. Mais il reste désarmé devant ce qui dépasse les activités marchandes, ce qui relève du modèle culturel, de la « matrice de formation ».

Les contraintes découlant de stratégies de long terme, qui échappent aux forces ou aux paris des individus et des groupes, sont laminées. La hiérarchie des choix individuels ou collectifs ne peut pas être discutée « ex ante ». La réalisation « ex post » ne sera jamais la somme des préférences, mais un ajustement inégalement subi. Dans un tel système, chacun ne peut que mesurer la part non réalisée de son désir initial, et en imputer la responsabilité aux autres. Aucun mécanisme de participation politique ne peut compenser le sentiment d'aliénation et de frustration qui en résulte.

Les gestions marxistes pratiquées dans les pays de l'Est sont conduites à considérer la « formation-information » comme un instrument destiné à ramener le réel dans le cadre de l'imaginaire ; à réduire la société au modèle idéologique. Elles tendent à créer des systèmes tutélaires, et n'ont besoin pour cela que d'une information remontante. L'information descendante prendra la forme de l'ordre. Le propos n'est pas de tenir compte des projets décentralisés, mais de distribuer à chaque groupe, à chaque individu, la part qui lui échoit dans la mise en œuvre du projet collectif.

Toute régulation par commandement recherche l'intégration par adhésion mystique. Elle peut parfois l'obtenir. Partant de l'affirmation que le « projet du centre principal » exprime de façon ontologique et sur la longue période l'essence collective des aspirations individuelles, elle justifie ses difficultés actuelles par sa finalité historique et cherche à établir un système de représentation qui crée entre le projet collectif et les comportements individuels un lien affectivement ressenti.

La faiblesse d'un tel système réside dans sa contradiction interne. La société civile est muette. Sa seule expression se cantonne dans les failles, les interstices. Dès lors la logique du centre tend à divorcer du réel. Ayant par principe étouffé l'expression des aspirations et des besoins (les prix eux-mêmes ne sont plus des baromètres mais des injonctions), l'information remontante, nécessaire au centre pour fonder son projet n'est plus que le miroir de son seul désir. A force de gommer les signes et les informations que pourraient émettre les multiples facettes de la société réelle, les « appareils » ne gèrent plus que les cauchemars de leurs concitoyens, leurs propres rêves ou leurs seuls intérêts.

Or dans la société à haute productivité, une information riche et répartie doit pouvoir rendre compatibles la spontanéité des groupes sociaux et le poids inévitable de contraintes.

3. Socialiser l'information ?

Dans un monde idéal de « sages » totalement informés, l'organisation coïnciderait avec la spontanéité : une société à marché parfait où la culture et les informations rendraient chacun conscient des contraintes collectives, et une société intégralement planifiée où le centre recevrait de chaque cellule de base des messages corrects sur son échelle de préférence, auraient la même structure et la même orientation. Information et participation progressent ensemble.

Tant qu'il s'agit pour les citoyens d'exprimer des désirs quantifiables, pour les pouvoirs publics d'exercer des actions régulatrices à court terme, le marché reste le lieu efficace des confrontations.

Mais, les projets des groupes véhiculent de plus en plus des aspirations relationnelles et culturelles. Simultanément les pressions extérieures s'accroîtront. Les pouvoirs publics devront préserver l'avenir de la société : les grandes ruptures dans la division internationale du travail appelleront des choix de l'Etat. Les indicateurs décentralisés, les réactions spontanées ne permettront pas de se préparer à des pénuries massives, prévisibles à terme, mais que les prix actuels n'annoncent encore que faiblement. De même, aucune anticipation individuelle ne déterminera la marge de souveraineté nationale en-deçà de laquelle disparaît toute liberté de choix pour la collectivité. Seul un pouvoir disposant des informations appropriées, peut favoriser le développement et garantir l'indépendance du pays : il est le médiateur des contraintes vitales.

Un fonctionnement souple de la société exige que les groupes sociaux puissent exprimer leurs aspirations et leurs répugnances mais que dans le même temps l'information sur les contraintes soit reçue et acceptée.

Il n'y a pas de spontanéité sans régulation, pas de régulation sans hiérarchisation. L'autogestion si elle se veut autosuffisance restera une contre-société marginale. Pour contribuer à transformer la société globale, elle doit accepter une stratégie de l'insertion.

Socialiser l'information, c'est donc mettre en place les mécanismes par lesquels se gèrent et s'harmonisent les contraintes et les libertés, le projet régalien et les aspirations des groupes autonomes. C'est favoriser la mise en forme des données à partir desquelles la stratégie du centre et les désirs de la périphérie peuvent trouver un accord : celui par lequel la Société et l'Etat non seulement se supportent, mais se fabriquent réciproquement.

Mais pour cela, il faut lever une contradiction fondamentale : si l'information apparaît au niveau des cellules décentralisées, elle n'est pas utilisable telle quelle pour la plupart de leurs décisions. Elle ne prend de signification qu'au cours de synthèses, où elle est confrontée aux difficultés de long terme, au projet collectif. Elle doit alors être restituée sous une forme telle qu'elle suscite spontanément des réactions correctes. Ceci implique qu'elle apparaisse comme légitime et efficace ; que sa circulation soit institutionnalisée.

Les Britanniques disent que les faits doivent être respectés comme des « lords-maires ». Mais quelle portée aurait ce dicton dans un pays où la légitimité des lords-maires serait contestée ? Or elle résulte de leur mode de désignation : y contribuent tous ceux qui seront soumis à leur autorité. Aujourd'hui l'information descendante est mal acceptée parce qu'elle est ressentie comme le prolongement d'un pouvoir, comme une manipulation : il sera de plus en plus nécessaire que ses destinataires soient associés à son élaboration, que les récepteurs soient émetteurs et que les émissions tiennent compte des conditions de réception. Cette participation ne sera acceptée que si les groupes antagonistes sont également capables de fabriquer, traiter, et communiquer leur propre information. Ceci suppose que la plupart des citoyens puissent se constituer en collectivités ou associations, publiques ou privées, et s'outiller pour rassembler et exploiter l'information qui légitime leur projet.

Mais de quel type d'information s'agit-il ? Les responsables seront conduits à constituer des stocks organisés de données factuelles, exprimant les contraintes d'Etat, les motifs du projet collectif, qu'il se traduise ou non par un plan. L'efficacité veut que ces données soient élaborées contradictoirement, que leur forme les rende aisément transmissibles, que leur accès facile permette de les critiquer. Il ne suffit pas qu'elles soient généralement acceptées comme objectives. Il faut encore que chaque groupe puisse à partir des mêmes contraintes, élaborer une conciliation originale avec ses propres projets, et que le débat porte sur des solutions alternatives. Ceci exige que l'information soit échangeable avec autrui et qu'elle prenne en compte les contraintes d'environnement : celles qui résultent des objectifs des autres groupes, celles qui émanent du centre commun, les pouvoirs publics.

De plus en plus apparaîtront comme de pseudo-informations celles qui n'enseignent que des recettes techniques, qui alignent des faits sans les mettre en perspective, les structurer dans un projet cohérent, et celles qui, au contraire, proclament des idéaux sans les insérer dans le développement concret de la société. Rendre l'information utile, c'est donc trouver un minimum d'accord sur la structuration qui la transforme en pensée cohérente et acceptée (7).

Encore faut-il que le projet qui en résulte s'insère dans un système de communications et de concertations. Aujourd'hui l'information va essentiellement du sommet vers la base. Seul le marché constitue le réseau, pauvre, de la communication horizontale. La société d'information appelle la remontée vers le centre des désirs des groupes autonomes, la multiplication à l'infini des communications latérales.

Ceci doit permettre de confronter les informations formalisées, exprimant ceux des projets de la base qui excèdent les données quantifiées du marché. Il s'agit d'utiliser l'informatisation massive de la société pour créer ce nouveau « réseau » où chaque communauté homogène pourra communiquer avec ses semblables et avec le centre. La palabre orale, avec ses rituels, équilibrait le village. La palabre informatisée, et ses codes, doit recréer une « agora informationnelle » élargie aux dimensions de la nation moderne. Ainsi se dégageront, progressivement, des accords, des compromis. Ils exprimeront un consensus engageant des collectivités de plus en plus larges, des perspectives de plus en plus lointaines.

L'équilibre de la société informatisée est difficile. Schématiquement la vie nationale s'organisera sur trois étages, correspondant à trois fonctions, à trois systèmes de régulation et donc d'information. L'étage proprement régalien où se déterminera le projet collectif : les pouvoirs publics hiérarchiseront les contraintes subies par la société. Ils pourront se servir du marché mais ils ne devront pas reculer devant l'ordre ou la régie directe. Ici la régulation relève essentiellement de mécanismes politiques. L'étage où s'organiseront et se confronteront les projets relationnels et culturels : ce sera le domaine de « l'agora informationnelle ». L'étage du

---

(7) Le flux monotone des faits et des événements peut être, a contrario, l'outil le plus redoutable de la désinformation.

« Dans nos sociétés la surabondance du signe est à la mesure de la pauvreté du sens. »
(François Bott)

marché, reposant sur le système de prix : celui où s'expriment et s'arbitrent les désirs spontanés des groupes, en ce qu'ils portent sur des biens marchands, et qu'ils sont quantifiables. En réalité, ces étages interféreront : au fur et à mesure que seront mieux formalisées les contraintes d'intérêt collectif et les aspirations culturelles, elles auront tendance à peser sur le marché. Celui-ci pourra cesser d'être une métaphysique, pour devenir un outil. Il traduira des valeurs d'échanges de plus en plus dominées par des motivations qui les débordent. Ce sera un quasi-marché, qui récupèrera un horizon de temps et des désirs qui jusqu'alors lui échappaient.

Cette dynamique où chaque système de régulation s'enrichit des informations émanant des deux autres est une voie royale ; celle que pourrait parcourir une nation ayant généralisé la communication et de ce fait élargi la participation. Mais la société à laquelle elle conduit est fragile : construite pour favoriser l'élaboration d'un consensus, elle en suppose l'existence et se bloque si elle ne parvient pas à l'obtenir. Des contraintes excessives ou mal acceptées ne permettraient de retrouver l'équilibre que par un accroissement du commandement. Une poussée irresponsable des aspirations conviviales et culturelles, incompatible avec les contraintes réduirait le projet collectif à la portion congrue, ou provoquerait le sursaut des prêtres de l'ordre régalien. Ceci préluderait au compromis pour arrêter l'histoire.

Pour que la société d'information reste possible, il faut savoir, mais aussi pouvoir compter avec le temps. La pédagogie réciproque des disciplines et des aspirations s'exerce lentement : elle s'opère, au fil des générations, par la transformation des matrices culturelles : familles, universités, médias, ...

L'informatique a faussement cristallisé les angoisses. Elles renaissent plus générales et plus fortes au terme de cette analyse. L'urgence et l'ampleur des contraintes que va subir la société française lui laisseront-elles les délais qu'exige cet apprentissage vital ?

Présentation des annexes

VOLUME I :

Nouvelle informatique et nouvelle croissance

ANNEXE N° 1 :
Réseaux, télécommunications et télématique

Les réseaux sont, pour une large part, à l'origine du tournant informatique ; l'annexe définit leur place au sein des télécommunications. L'évolution technique, l'apparition de la télématique rendent impérative une rationalisation dont le document étudie les modalités.

Il s'intéresse plus précisément à Transpac et aux satellites et fournit des indications sur les télécommunications et les réseaux dans les principaux pays industrialisés.

ANNEXE N° 2 :
Les banques de données

La télématique va permettre l'essor des banques de données. Les banques d'informations économiques vont en particulier connaître un rôle croissant. L'annexe étudie en ces matières la situation et la politique de quelques grands pays.

ANNEXE N° 3 :
Informatique et macroéconomie - Une première approche

Le tournant informatique pèse, par les gains de productivité qu'il suscite, sur les équilibres macroéconomiques. L'annexe situe ces effets par rapport aux tendances de fond de l'économie française et précise les difficultés que rencontre l'analyse, en l'absence d'instruments appropriés.

ANNEXE N° 4 :

Société d'information et nouvelle croissance : examen de certaines approches étrangères (Japon, travaux américains)

Le rapport japonais Jacudi constitue une tentative pour appréhender l'avenir d'une société informatisée. Sous un angle différent, des travaux ont été menés aux Etats-Unis afin de définir « l'économie d'information ». L'annexe présente ces deux démarches, met en évidence leurs apports, et en dessine les limites.

ANNEXE N° 5 :

Une approche pour une évaluation économique des usages de l'informatique

Il est difficile d'évaluer de manière chiffrée les effets de l'informatique sur les équilibres macroéconomiques, pour des raisons théoriques et pratiques que retrace le document. Celui-ci définit les études qu'il serait souhaitable de mettre en chantier.

ANNEXE N° 6 :

L'informatisation de la société : structures d'analyse dans quelques pays étrangers

Le tournant informatique, l'apparition de la télématique, l'évolution des télécommunications ont été étudiés à l'étranger. L'annexe décrit les moyens que se sont donnés les Etats pour réfléchir à ces questions.

VOLUME II :
Industrie et services informatiques

ANNEXE N° 7 :

L'industrie informatique (développement, politiques et situations dans divers pays)

L'annexe dresse un bilan de l'industrie informatique en France, aux Etats-Unis, au Japon, en République fédérale d'Allemagne, en Grande-Bretagne. Elle situe les atouts de chaque pays pour aborder, sur le plan industriel, l'ère de la télématique.

ANNEXE N° 8 :
Evolution du marché des matériels informatiques de 1976 à 1980

Cette annexe fournit des indications chiffrées sur l'évolution probable des applications informatiques par secteurs économiques.

ANNEXE N° 9 :
Les sociétés de services et de conseils en informatique (SSCI)

Les SSCI françaises ont connu un développement remarquable. Elles constituent aujourd'hui un élément important pour une nouvelle stratégie informatique. L'annexe analyse leur situation et l'évolution qu'elles pourraient connaître.

VOLUME III :
La nouvelle informatique et ses utilisateurs (Administration et entreprises)

ANNEXE N° 10 :
L'informatique et l'administration française

L'administration a connu une informatisation rapide dont l'annexe dresse le bilan. L'avenir de l'informatique administrative ne se conçoit qu'à la lumière d'une réflexion sur l'évolution de l'administration elle-même : c'est dans cet esprit que de nouvelles structures pourraient trouver place.

Plusieurs notes jointes complètent cette analyse : elles portent sur l'informatique à la Sécurité sociale, à la direction du Budget, à la direction générale des Impôts, au ministère de l'Equipement, ainsi que sur l'opération pilote des données administratives (*Opida*) et sur la banque de données *Eneide*.

ANNEXE N° 11 :
Les départements informatiques internes

L'informatique traditionnelle est demeurée l'apanage des grandes organisations, et de leurs départements informatiques. Ceux-ci vont évoluer face à la mutation télématique : leur rôle, leur statut, leur politique devront changer.

ANNEXE N° 12 :

Les moyens et petits utilisateurs (MPU)

Le développement d'une informatique peu coûteuse et puissante va entraîner l'apparition de milliers d'utilisateurs : moyennes et petites entreprises, professions libérales, commerçants. Cette « démocratisation » ne se fera pas partout, l'annexe le montre, au même rythme et suivant les mêmes modalités.

Présentation
des documents contributifs

VOLUME IV :

DOCUMENT CONTRIBUTIF N° 1 :
Le tournant informatique

Ce document trace un historique des mutations de l'informatique : évolution des matériels et des logiciels. C'est dans cette perspective qu'il place les changements actuels : développement de la petite informatique, apparition des réseaux.

DOCUMENT CONTRIBUTIF N° 2 :
**Evolution des performances et du rapport performances/prix
des matériels et logiciels**

Analysant lui aussi les grandes étapes de l'histoire informatique, le document se concentre essentiellement sur l'amélioration de la production des logiciels, qui devient peu à peu industrielle.

DOCUMENT CONTRIBUTIF N° 3 :
**Que sont les arbres de vie devenus ?
(Réflexion sur l'expérience canadienne d'informatisation)**

Le Canada a été le premier pays conscient de l'osmose de l'informatique et des télécommunications. Il a mis en place une politique télématique. Le document examine les axes de cette stratégie et s'interroge, avec le recul que permet maintenant le temps, sur cette expérience.

L'INFORMATISATION DE LA SOCIÉTÉ

DOCUMENT CONTRIBUTIF N° 4 :
L'introduction de l'informatique dans les activités médicales et de santé

Le document analyse l'ensemble des effets de l'informatique sur la médecine : utilisation à des fins de diagnostic, modification de l'acte médical,
évolution des relations entre spécialistes et généralistes, entre généralistes et
auxiliaires médicaux, ... Il définit enfin les conditions qui devraient favoriser
l'informatisation de la médecine.

DOCUMENT CONTRIBUTIF N° 5 :
Les problèmes juridiques soulevés par l'informatisation

Le document traite des grands problèmes de droit que soulève l'informatisation. Ceux-ci concernent au premier chef la préservation des libertés individuelles, mais aussi les questions relatives aux relations entre la profession
informatique et ses utilisateurs, ainsi que les difficultés tenant au caractère
spécifique de la « chose » informatique.

DOCUMENT CONTRIBUTIF N° 6 :
Informatique et pouvoir local

L'informatique modifie les équilibres entre l'Etat et les collectivités locales,
entre les collectivités elles-mêmes. Le document analyse les domaines où se
manifestent ces phénomènes, la manière dont ils jouent, la possibilité de les
utiliser à des fins décentralisatrices.

DOCUMENT CONTRIBUTIF N° 7 :
La prise en compte des conditions de travail
dans les décisions d'automatisation administrative

L'informatique modifie les conditions de travail, les améliorant souvent,
les aggravant parfois. Le document essaie de tracer un bref bilan de ces effets,
puis définit la manière dont les maîtres d'œuvre de projets informatiques
pourraient en tenir compte dès l'élaboration des systèmes.

DOCUMENT CONTRIBUTIF N° 8 :
Recherche et technologies de l'information

L'informatique se diversifie et multiplie ses domaines d'application : ceci
devrait stimuler les recherches. Le document définit le rôle que l'IRIA pourrait
jouer dans cet effort.

DOCUMENT CONTRIBUTIF N° 9 :

L'informatique et son image

L'informatique est au cœur de nombreux phantasmes. Outre une approche théorique de ce phénomène, le document analyse les images de l'informatique que diffuse la presse et que retrace une série de sondages.

DOCUMENT CONTRIBUTIF N° 10 :

Les applications avancées de l'informatisation

Certaines applications de l'informatique apparaissent particulièrement novatrices. Elles sont encore soit à l'état d'expérimentations, soit de diffusion restreinte. Le document en décrit une dizaine, indiquant leur usage, leur champ d'application, leurs effets éventuels.

Contributions et concours

Ce rapport n'engage que ses deux signataires. Il a néanmoins bénéficié d'une multitude de contributions et de concours.

Tantôt des responsables de l'administration et du secteur privé nous ont ouvert leurs organismes ou leurs entreprises. Eux-mêmes et leurs collaborateurs les plus qualifiés en matière d'informatique et de télécommunications nous ont fait profiter de leur expérience.

Tantôt des personnes particulièrement compétentes ont accepté la lourde charge de rédiger les annexes et les documents contributifs. Le plus souvent ils ont profité soit de l'aide de groupes de travail, soit de concours personnels.

Enfin, ce rapport ne serait pas ce qu'il est si nous n'avions pu nous appuyer sur des travaux antérieurs, traitant de l'informatique et de la société. Il s'agit notamment de ceux de MM. Maurice Allègre, Jacques Attali, Michel Crozier, Michel Foucault, Robert Lattès, Jacques Lesourne, Pierre Lhermitte, Bruno Lussato, Edgar Morin, Joël de Rosnay, François Sarda, Bertrand Schwartz, Michel Serres, Alain Touraine, Bernard Tricot. Certains ont bien voulu nous accompagner de leurs conseils oraux ou écrits.

Nous remercions également :

1. Les institutions suivantes et leurs responsables

— La Mission « Informatisation de la Société » du ministère de l'Industrie. Cet organisme a soutenu, sous la responsabilité de M. Alain Taïb, notre investigation avec efficacité. MM. Alain Taïb et Philippe Lemoine ont, outre les travaux particuliers qu'ils ont effectués, et qui sont mentionnés plus loin, participé à notre réflexion.

— La direction des industries électroniques et de l'informatique du ministère de l'Industrie, et notamment son directeur, M. Jean-Claude Pelissolo.

— La direction générale des télécommunications, et particulièrement MM. Gérard Théry, directeur général des télécommunications, Philippe Picard, sous-directeur chargé de la téléinformatique.

— Le cabinet du secrétaire d'Etat aux Postes et Télécommunications, en la personne de M. Hervé Nora.

— Télé-Diffusion de France, et notamment MM. Jean Autin, président et Maurice Remy, directeur général.

— Le Centre National d'Etudes Spatiales, et notamment son directeur, M. Yves Sillard.

— Les présidents des Commissions ministérielles de l'informatique.

— La Compagnie CII-Honeywell Bull, et particulièrement MM. Jean-Pierre Brulé, président, Jean Gaudfernau, directeur général adjoint, Emmanuel de Robien qui a organisé nos contacts avec sa Compagnie.

— La Compagnie IBM et particulièrement MM. Jacques Maisonrouge, président d'IBM World Trade, Jacques Herbart, ancien président d'IBM France, Jacques Lemonnier, président d'IBM France, Claude Andreuzza, qui a organisé nos contacts avec sa Compagnie.

— Le Syntec, Syndicat des sociétés de services et de conseils en informatique, le Cigref, club informatique des grandes entreprises françaises, l'Inforep, association de l'informatique répartie.

2. Les rapporteurs et les groupes de travail qui ont élaboré les annexes

— L'annexe n° 1 : « Réseaux, télécommunications et télématique » a été rédigée par MM. Jacques Pomonti et Jean-François David, de la société ICS Conseils. Elle s'est appuyée sur les travaux d'un groupe réunissant MM. Hervé Nora, Picard ainsi que M. Schoeller, directeur régional des télécommunications à Montpellier, M. Voge, directeur délégué pour les relations internationales au Centre national d'études des télécommunications. Elle a été soumise à la DGT, à la DIELI, à TDF, au CNES, à l'IRIA, à CII-HB, à IBM France. Il a été largement tenu compte des avis que ces organismes ont exprimés.

— L'annexe n° 2 : « Les banques de données » a été rédigée par M. Raimundo Beca, chargé de mission à la Mission « Informatisation de la Société » du ministère de l'Industrie. Elle s'est appuyée sur les travaux d'un groupe qui a réuni MM. Arditi, Eksl, Marre, tous de la société Geste et M. Joyeux de la Mission « Informatisation de la Société » du ministère de l'Industrie. Ce groupe a bénéficié par ailleurs de la collaboration et du soutien de M. Buffet du CNRS, de Mme Morin et MM. Michel et Chambaud du Bnist, de M. Labin, consultant du Bnist, de Mme Moreau de l'Institut Français du Pétrole, de M. Salmona, directeur de l'Opida, ainsi que MM. Treille du Cesa et Bepesford du bureau de statistiques des Nations Unies.

— L'annexe n° 3 : « Informatique et macroéconomie » a été rédigée par M. Frédéric Saint-Geours, administrateur civil au ministère de l'Economie et des Finances. Elle s'appuie sur les travaux d'un groupe qui a réuni MM. Alidières, chef de division de coordination des travaux du Plan à la direction de la Prévision, Bonnet, conseiller scientifique permanent à l'IRIA, Froment, conseiller technique à la direction de la Prévision, Lemoine, chargé de mission à la Mission « Informatisation de la Société » du ministère de l'Industrie, Lenclud, chef de la division de l'Informatique de la direction de la Prévision, Mignot, chef du service économie du Commissariat général du Plan, Sautter, chef du service des programmes de l'INSEE, Sicherman, administrateur de

L'INFORMATISATION DE LA SOCIÉTÉ

l'INSEE, Taïb, chargé de mission à la Mission « Informatisation de la Société » au ministère de l'Industrie, Virol, chargé de mission au Commissariat général du Plan. Ce groupe a relu le texte de l'annexe et l'a approuvé.

— L'annexe nº 4 : « Société d'information et nouvelle croissance : examen de certaines approches étrangères (Japon, travaux américains) » a été rédigée par M. Philippe Lemoine, chargé de mission à la Mission « Informatisation de la Société » du ministère de l'Industrie, qui a bénéficié pour l'analyse consacrée au Japon des travaux de MM. Bonnet et Sautter. Le texte a été relu et approuvé par le groupe mentionné à propos de l'annexe nº 3.

— L'annexe nº 5 : « Une approche pour une évaluation économique des usages de l'informatique » a été rédigée par M. Georges Sicherman, administrateur de l'INSEE.

— L'annexe nº 6 : « L'informatisation de la société — structures d'analyse dans quelques pays étrangers » a été rédigée par Mᵐᵉ Berthe Favier qui, par ailleurs, a assuré la coordination de l'ensemble des travaux.

— L'annexe nº 7 : « L'industrie informatique (développement, politiques et situations dans divers pays) » a été rédigée par MM. Jean-Marie Fabre et Thierry Moulonguet. Elle a été soumise à la DIELI, à CII-HB, à IBM. Les avis qu'ils ont exprimés ont enrichi notre réflexion.

— L'annexe nº 8 : « Evolution des marchés des matériels informatiques de 1976 à 1980 » a été rédigée par MM. Jean-Marie Fabre et Thierry Moulonguet après consultation des constructeurs.

— L'annexe nº 9 : « Les sociétés de services et de conseils en informatique » a été rédigée par M. Francis Bacon, chargé de mission à la Mission « Informatisation de la Société » du ministère de l'Industrie et MM. Jacques Pomonti et Jean-François David de la société ICS Conseils. Elle a fait l'objet d'une large discussion réunissant MM. Carteron, président de Steria, Dorléac, président de TSIL, Dreyfus, vice-président de Cap-Sogeti, Joseph, directeur général de Serti, Kampf, président de Cap-Sogeti, Nollet, président de CISI, Sahut d'Izarn, président de Cerci, Saint-Geours, président de Sema, Schlumberger, président de Serti, Stern, président de Sesa, Thellier, directeur général d'ECA Automation. Leurs avis, ainsi que ceux des organismes auxquels cette annexe a été soumise, DIELI, CII-HB, IBM France, ont orienté la plupart de nos conclusions.

— L'annexe nº 10 : « L'informatique et l'administration française » a été rédigée par M. Philippe Jaffré, inspecteur des Finances, sur la base des travaux d'un groupe qui a réuni MM. Baquiast, sous-directeur à la direction générale des Douanes, Empereur, sous-directeur à la direction générale des Impôts, Salmona, directeur du projet Opida, Vidal, conseiller technique à la direction générale des Impôts, Coiffard, administrateur à l'INSEE, Callot, chargé de la Mission « pour la promotion de l'Informatique » du ministère de l'Industrie, Taïb, chargé de la Mission « Informatisation de la Société » du ministère de l'Industrie et Beca, chargé de mission à la Mission « Informatisation de la Société » du ministère de l'Industrie. Y ont par ailleurs collaboré Mˡˡᵉ Le Laurier, MM. Gourdon, Lamy, Madec, Théron, ainsi que MM. Beer-Gabel, Brochard, Callies, Coulas, Fontanel, Gibert, Haas, Léger, Poupon, Seibel et Zeitoun.

— L'annexe nº 11 : « Les départements informatiques internes » a été rédigée par M. Alain Taïb, chargé de la Mission « Informatisation de la Société » du ministère de l'Industrie. Elle a été soumise à l'avis de MM. Alba, ancien vice-président du Cigref, responsable de l'informatique du groupe Elf-Aquitaine, Pelletier, secrétaire général du Cigref, Empereur, président de l'Inforep, sous-directeur à la direction générale des Impôts.

— L'annexe n° 12 : « Les moyens et petits utilisateurs » a été rédigée par M. Joël Baur, chargé de mission à la Mission « Informatisation de la Société » du ministère de l'Industrie. Elle a été élaborée grâce à des enquêtes et des réunions de travail, aussi bien avec des producteurs que des utilisateurs. Elle a bénéficié du concours de MM. Audoin, Bertin, David, ainsi que celui de Mme Paré, MM. Ballerin, Barbe, Berty, Bonamy, Bret, Claret, Dalloz, Demians, Ducrocq, Hayat, Paps et Rochet.

— La bibliographie a été établie par Mme Isabelle Félix, chargée de mission à la Mission « Informatisation de la Société » du ministère de l'Industrie, qui a bénéficié du concours de M. Grandperret, chargé d'études et d'enseignement au Cepia, ainsi que celui de Mme Raoul-Duval et de M. Lemoine.

3. Les auteurs et les groupes de travail qui ont élaboré les documents contributifs

— Le document n° 1 : « Le tournant informatique » a été rédigé par M. Raymond Moch, sous-directeur honoraire au Collège de France.

— Le document n° 2 : « Evolution des performances et du rapport performances/prix des matériels et logiciels » a été rédigé par M. Xavier Dalloz, chargé de mission à la Mission « Informatisation de la Société » du ministère de l'Industrie.

— Le document n° 3 : « Que sont les arbres de vie devenus ? » a été rédigé par M. Philippe Lemoine, chargé de mission à la Mission « Informatisation de la Société » du ministère de l'Industrie.

— Le document n° 4 : « L'introduction de l'informatique dans les activités médicales et de santé » a été rédigé par le professeur Jean-Louis Funck-Brentano sur la base des travaux d'un groupe de travail qui a réuni M. Akoun, chef du secteur informatique médicale à la DOMI au ministère de la Santé, le professeur Bricaud, le colonel Crocq, M. Forge, directeur du CXP, le docteur Joly, M. Joyeux, chargé de mission à la Mission « Informatisation de la Société » du ministère de l'Industrie, le professeur Laudat, le professeur Laurent, M. Mathiot, directeur du SETI de l'Assistance publique de Paris. M. Jean Weber, ancien conseiller technique au cabinet du ministre de la Santé, a facilité l'organisation du groupe de travail.

— Le document n° 5 : « Les problèmes juridiques soulevés par l'informatisation » a été rédigé par M. Philippe Lemoine, chargé de mission à la Mission « Informatisation de la Société » du ministère de l'Industrie, à la suite des travaux d'un groupe auquel participaient M. Chamoux, ingénieur-conseil, M. Joinet, magistrat à la Chancellerie, Mme de Lamberterie, du CNRS, Mlle Trebucq, magistrat. M. Bernard Tricot, conseiller d'Etat, rapporteur général de la commission Informatique et Libertés, a bien voulu examiner ce document, et pour ce qui est des passages relatifs aux problèmes d'Informatique et Libertés, les approuver.

L'INFORMATISATION DE LA SOCIÉTÉ

— Le document n° 6 : « Informatique et pouvoir local » a été rédigé par M. Bertrand Eveno, inspecteur des Finances, ancien rapporteur de la commission du développement des responsabilités locales, présidée par M. Olivier Guichard.

— Le document n° 7 : « La prise en compte des conditions de travail dans les décisions d'automatisation administrative » a été rédigé par M. Gérard Rolloy, chargé de mission à l'ANACT.

— Le document n° 8 : « Recherche et technologies de l'information » a été rédigé par M. André Danzin, directeur de l'IRIA.

— Le document n° 9 : « L'informatique et son image » a été rédigé par M. Philippe Lemoine, chargé de mission à la Mission « Informatisation de la Société » du ministère de l'Industrie sur la base des études réalisées par MM. Marie, Masson, Mathieu, Ollivier, Ricard et Weis du centre d'études sociologiques et de travaux de recherches appliquées ainsi que Mmes Ennel et Gallouedec-Genuys de l'Institut français des sciences administratives.

— Le document n° 10 : « Les applications avancées de l'informatisation » a été rédigé par M. Louis Joyeux, chargé de mission à la Mission « Informatisation de la Société » du ministère de l'Industrie, avec la collaboration de MM. Beca, Lemoine et Taïb, de la Mission « Informatisation de la Société » au ministère de l'Industrie. Ils ont reçu l'aide des personnalités suivantes : M. Crémieux-Brilhac, directeur de la Documentation Française, M. Coiffard de l'UTA, MM. Couzy et de Montricher, de l'OPIT, MM. Dentaud et Dandelot, de la Banque de France, M. Dreyfous, chargé de mission à Air-France, M. Gouesfon, conseiller technique au secrétariat d'État au tourisme, MM. Kock et Lafond, du ministère de l'Éducation, M. Leddet, du ministère de l'Équipement, M. Michel, secrétaire permanent du Bnist, M. Motard, du CNET, M. Termens, de la DGT, M. Touzelet, secrétaire général de Simpro-France, ainsi que MM. Cochet, Jeantet, Rainsard et Richard, de la Cerci, et MM. Amyel, Hellenis, Le Guillou, Ponthus, Poulaillon, Renaud, Sarrazin, Vivier, de Cap-Sogeti.

4. Outre les personnes déjà citées, et qui ont participé aux groupes de travail, nos remerciements vont aux personnalités de l'administration française :

M. Chaigneau, directeur de l'ANACT, M. Conruyt, directeur du CCETT, M. Coursier, directeur du GEPI, M. Dondoux, ingénieur général des Télécommunications, M. Engerand, directeur général de l'Industrie, M. Essig, délégué à l'Aménagement du Territoire et à l'Action Régionale, M. Jacqué, professeur à l'université des sciences juridiques, politiques, sociales et de technologie de Strasbourg, M. de L'Estoile, ancien directeur général de l'Industrie, M. Libois, conseiller-maître à la Cour des Comptes, ancien directeur général des Télécommunications, M. Oudin, délégué à la PMI, M. Ripert, anciennement commissaire général du Plan d'équipement et de la productivité, M. Souviron, directeur des affaires industrielles et internationales de la DGT.

ainsi qu'à :

M. Ayrault, chef du GCCIIA à la DIELI, M. Bonafi, sous-directeur à la Comptabilité publique, M. Bréau, chargé de mission à la DATAR, M. Brochier, administrateur civil à la direction du Budget, Mme Chaumont, chargée de mission à la DATAR, M. Couraud, chargé de mission à la direction du personnel du ministère de l'Equipement, M. Dhombres, conseiller scientifique à l'ambassade de France à Ottawa, M. Guinet, directeur adjoint du CCETT, M. Jung, attaché scientifique à l'ambassade de France à Washington, M. Kaiser, attaché scientifique à l'ambassade de France à Bonn, M. Kaufmant, président de l'Institut pour le management de l'information, M. Lafay, chef de département au GEPI, M. Paré, chargé de mission à la DIELI, M. Stourdzé, de l'Iris, M. Vicarini, anciennement chargé de la mission Informatique au ministère de l'Industrie, M. Vicariot, conseiller scientifique à l'ambassade de France à Londres.

5. Nous remercions également les membres des institutions internationales et étrangères :

M. Bernasconi, directeur général de l'IBI, M. Costa, principal adjoint au directeur général de l'IBI, M. Dordick, Associate Director of the Annenberg School of Communications, M. Garric, chef de la division informatique à la direction générale des affaires industrielles et technologiques de la CEE, M. Gassmann, chef de l'unité information, informatique et communications à la direction de la science de la technologie et de l'industrie de l'OCDE, M. Kimbel, de la direction des affaires scientifiques de l'OCDE, M. Layton, directeur de la direction générale du marché intérieur et des affaires industrielles de la CEE, M. Mrozinski, Executive Secretary of the Committee on Telecommunications, National Research Council, M. Riotte, de la division informatique de la direction générale des affaires industrielles et technologiques de la CEE, M. Valentin, de la division aéronautique de la direction générale des affaires industrielles et technologiques de la CEE.

6. Nous remercions les responsables d'entreprises :

M. Amouyal, directeur général de CISI, M. Audibert, président, directeur général d'Alvan, M. Barré, ancien président de la CII, M. Bonelli, directeur général de la Sema, M. Bounine, vice-président de l'Ami, M. Dautresme, directeur à la direction générale du Crédit Lyonnais, M. Edeline, président, directeur général de la SFP, M. Esteva, administrateur-directeur général de l'Union des Assurances de Paris, M. Fauroux, président, directeur général de Saint-Gobain Industries, M. Gélinier, directeur général de la Cegos, M. Lallement, directeur général de la Caisse nationale de Crédit agricole, M. Maillet, président d'Intertechnique, M. Plescoff, président des Assurances générales de France, M. Seban, président du Club de la Péri-Informatique, M. Vernier-Palliez, président, directeur général de la Régie nationale des usines Renault.

Nous remercions enfin :

M. Barberis, du Crédit Lyonnais, M. Benabès, d'Esso, M. Bouchaud, de Saint-Gobain Industries, M. Bruno, du CIGREF, M. de Carbonnel, du Boston Consulting Group, M. Chauche, sociologue, M. Demeure, de Rhône-Poulenc, M. Desor, de la SNCF, M. Dirol, de la Caisse des Dépôts et Consignations, M. Eelsen, de la Régie nationale des usines Renault, M. d'Erceville, de Péchiney-

L'INFORMATISATION DE LA SOCIÉTÉ

Ugine-Khulmann, M. Garric, du Point, M. Joly, de la Caisse nationale de Crédit agricole, M. Lejart, de l'Union des Assurances de Paris, M. Lepidi, des Charbonnages de France, Mlle Leventer, du Point, M. Mouly, de Saint-Gobain Industries, M. Pecqueraux, de La Redoute, M. Petitzon, de Shell, M. Raimond, de la Banque régionale d'Escompte et de Dépôts, M. Rameille, de la Régie nationale des usines Renault, M. de Russé, de la Société Générale, M. Thibaudeau, des Assurances générales de France, M. Vidal, de la SFP.

Glossaire

- Accès séquentiel
- Antenne collective
- Antenne communautaire
- Antiope
- Architecture de système
- Assembleur
- Automatique
- Automatisme de production

- Banques de données
- Bit
- Bit-seconde
- Bureautique

- Circuit intégré
- Cobol
- Commutateur
- Commutation de circuits
- Commutation de messages
- Commutation de paquets
- Compatibilité
- Composants

- Degroupage

- Fibres optiques
- Fortran

- Langage Machine
- Langage de programmation
- Logiciel

- Mécanographie
- Micro-informatique

- Microprocesseur
- Mini-informatique
- Modem

- Péri-informatique
- PL 1
- Portabilité
- Process de production
- Protocole d'accès
- Protocole de connexion

- Réseaux
- Réseaux en temps réel
- Robotique

- Système d'exploitation

- Télécopieur
- Télé-informatique
- Temps partagé
- Temps réel
- Terminal
- Terminal intelligent
- Traitement par lots
- Transistor discret
- Transmic
- Transmission analogique
- Transmission numérique

- Unbundling
- Unité centrale
- Unités d'entrée-sortie

- Voies hertziennes

- Zone d'ombre

par Mᵐᵉ Claire-Liliane Gaudfernau,
conseiller scientifique auprès du Coordinateur
mesures et informatiques de l'Onera,
et par M. Alain Taïb,
chargé de la Mission
« Informatisation de la Société »

Accès séquentiel

Dans une mémoire, mode d'extraction ou de rangement des informations qui nécessite une exploration depuis l'origine jusqu'à la détection de l'emplacement concerné ou de la donnée recherchée.

Les bandes magnétiques illustrent particulièrement ce mode o'accès.

Dans l'enregistrement sur disques magnétiques, divers modes d'accès sont possibles : l'accès séquentiel, mais aussi d'autres modes d'accès pour lesquels l'emplacement de l'information est connu et ne requiert pas l'exploration systématique du support de mémoire.

Antenne collective

Circuit aérien, ou antenne, permettant de recevoir des signaux de communication, et de les distribuer, au sein d'un immeuble, à un ensemble d'utilisateurs.

Terme associé : *Antenne communautaire.*

Antenne communautaire

Circuit aérien, ou antenne, permettant de recevoir des signaux de communication, et de les distribuer à un ensemble d'utilisateurs situés au sein d'une zone géographique de la dimension d'un quartier ou d'une agglomération.

La principale différence avec l'antenne collective tient à la dimension de la zone géographique. Compte tenu de son ampleur, les antennes communautaires requièrent l'utilisation de techniques plus sophistiquées.

Antiope

Système nouveau, développé en France par le CCETT, orienté vers la télé-informatique individuelle.

Il comprend, d'une part, une station centrale qui mémorise l'information, l'organise en pages et la diffuse, d'autre part, un réseau de diffusion à large bande (télévision) et, enfin, chez l'utilisateur un organe de sélection de page, connecté au réseau et associé à un récepteur de télévision.

Il permet d'envoyer de façon cyclique des pages d'informations parmi lesquelles certaines sont sélectionnées et présentées sur l'écran de télévision de l'utilisateur.

Terme associé : *Réseaux.*

Architecture de système

Cette expression, à l'origine utilisée par les concepteurs d'ordinateurs, est désormais employée pour désigner la structure d'un ensemble informatique plus ou moins complexe, pouvant comporter une ou plusieurs unités centrales, des installations de télétransmission et des stations terminales interconnectables ; le tout au sein d'un réseau géographiquement dispersé.

Terme associé : *Réseaux.*

Assembleur

Langage symbolique de programmation, dont les instructions correspondent une à une aux instructions du langage machine d'un ordinateur.

Les instructions assembleur ont pour objet de proposer une forme mnémonique pour une, ou éventuellement plusieurs instructions machine.

Le programme traducteur qui établit la correspondance entre les instructions assembleur et les instructions machine afin de produire un programme exécutable en langage machine, est aussi appelé assembleur.

Termes associés : *Cobol, Fortran, langage de programmation, logiciel, PL 1, système d'exploitation.*

Automatique

S'utilise actuellement comme substantif pour désigner la science qui s'intéresse à l'étude et à la réalisation des mécanismes et des systèmes capables de réaliser certaines fonctions avec régularité et sans intervention humaine.

Termes associés : *Automatisme de production, bureautique, process de production, robotique.*

Automatisme de production

Voir *Process de production.*

Banque de données

Ensemble exhaustif, non redondant et structuré de données, fiables et cohérentes, organisées indépendamment de leurs applications, accessibles en temps utile, facilement exploitables et satisfaisant à des normes de confidentialité.

EXEMPLES DE BANQUES DE DONNEES :

Eneide	— Banque économique et industrielle
Demair	— Informations sur voyages aériens
Esculape	— Traitement d'historiques médicaux
Sygesco	— Administration scolaire

EXEMPLES DE LOGICIELS DE BANQUES DE DONNEES :

IDS   — (Honeywell)

IMS/VS-DLI — (IBM)

Socrate   — (CII)

Miistiit   — (Gamma)

Terme associé : *Logiciel.*

Bit

Ce terme admet plusieurs définitions :

a) élément choisi dans un ensemble binaire (par exemple valeurs 0 et 1, ou en logique « oui » et « non ») ;

b) élément constitutif d'une donnée pouvant représenter l'une ou l'autre de deux valeurs ou états distincts ;

c) emplacement d'une donnée binaire dans une unité d'information (par exemple : bit n° 5 dans un mot mémoire de 16 bits).

Termes associés : *Bit-seconde, fibre optique, informatique, transmission numérique, voies hertziennes.*

Références utilisées : *Normes AFNOR et ISO, dictionnaire IBM.*

Bit-seconde

Dans un mode de transmission, nombre de signaux binaires transmis par seconde.

Termes associés : *Bit, transmission numérique.*

Bureautique

Avec l'informatique et les techniques audio-visuelles, les modes de travail traditionnels dans les bureaux sont appelés à être profondément modifiés. Dans cette perspective, le terme « bureautique » désigne l'ensemble des techniques et des procédés visant à faire exécuter par des matériels tout ou partie des tâches de bureau.

La bureautique recouvre donc les équipements de traitement du texte, de l'image et de la parole, et fait appel aux moyens de télécommunications les plus variés.

Elle vise une gestion plus efficace des documents et permet d'imaginer à terme une conception du bureau « sans papier ».

Terme associé : *Télécopieur.*

Circuit intégré

Composant électronique miniature réalisé sur une même masse de matériau regroupant un ensemble de dispositifs électroniques élémentaires tels que résistances, transistors, condensateurs, etc. interconnectés selon un schéma déterminé.

Les circuits intégrés les plus récents utilisés en informatique regroupent sur une même pastille de silicium quelques centaines d'éléments logiques à très grande vitesse ou plusieurs dizaines de milliers d'éléments logiques à vitesse lente (circuits à haut niveau d'intégration LSI).

Chacun de ces circuits intégrés peut assurer des fonctions logiques complexes telles que additionneurs, registres d'accès en série ou en parallèle, mémoires de plusieurs milliers de bits...

Ils constituent généralement des familles cohérentes commercialisées par un ou plusieurs fabricants de composants, dont l'assemblage permet la réalisation des éléments d'ordinateur ou de transmissions mais aussi celle de logiciels spécifiques (Terme anglais : *Firmware*).

Dans certains cas, il peut être souhaitable de faire réaliser « à la demande » des circuits intégrés, c'est-à-dire, selon un schéma déterminé pour assurer plus économiquement une fonction complexe.

Termes associés : *Composants, micro processeurs, transistor discret.*

COBOL

Langage de programmation synthétique — dont le nom est abrégé de Common Business Oriented Language — étudié pour un emploi universel dans les applications commerciales.

Termes associés : *Fortran, langage machine, langage de programmation, logiciel, PL 1.*

Commutateur

Un commutateur est un appareil capable d'établir ou de supprimer une ou plusieurs connexions dans un circuit et notamment dans un réseau de transmission de données, avant le début d'une transmission.

Le commutateur peut être commandé de façons diverses : manuellement, électriquement, électroniquement, ou de plus en plus par un micro-ordinateur inséré aux nœuds d'un réseau.

Termes associés : *Commutation de circuits, commutation de messages, commutation de paquets.*

Commutation de circuits

Un réseau de transmission de données est, dans sa forme la plus simple, constitué de lignes dont le schéma d'interconnexion est établi à l'avance.

L'INFORMATISATION DE LA SOCIÉTÉ

Dans la commutation de circuits, le routage est réexaminé par chacun des nœuds du réseau qui, en fonction de la charge des lignes et des indisponibilités éventuelles, détermine lui-même le meilleur parcours entre l'émetteur et le destinataire et réalise les interconnexions nécessaires.

Termes associés : *Commutateur, commutation de messages, commutation de paquets.*

Commutation de messages

Technique consistant à recevoir un message au niveau d'un nœud d'un réseau, à le garder en mémoire jusqu'à ce que le circuit approprié de sortie soit libre, puis à le retransmettre.

Dans cette technique de transmission, le message n'est pas segmenté et circule dans le réseau sous sa forme initiale et intégrale.

Termes associés : *Commutation de circuits, commutation de paquets.*

Commutation de paquets

La commutation de paquets est une méthode de transmission dans laquelle les messages contenant les données sont segmentés en « paquets » de longueur fixe ou variable.

La transmission d'un message nécessite d'accompagner chacun des paquets en lesquels il est décomposé, par des informations complémentaires, susceptibles d'indiquer les adresses de l'émetteur et du destinataire, la nature des fonctions demandées, ainsi que d'assurer un contrôle.

Chaque nœud du réseau effectue un contrôle sur la qualité de chacun des paquets reçus.

La méthode d'acheminement peut être à routage fixe ou à routage adaptable.

A la station destinataire, l'ensemble des paquets doit être contrôlé et éventuellement réordonné conformément à l'émission.

Exemples de réseaux à commutation de paquets : *Arpa, Cyclades, Telenet, Transpac, ...*

Termes associés : *Commutation de circuits, commutation de messages.*

Compatibilité

La compatibilité recouvre deux notions complémentaires : d'une part, la possibilité de connecter différents systèmes informatiques, d'autre part, l'aptitude pour différents systèmes informatiques de traiter les mêmes applications.

Les progrès de l'informatique et le jeu de la concurrence entre les constructeurs impliquent des différences d'une génération à l'autre de matériels et de logiciels. Pour assurer la fidélité de sa clientèle chaque constructeur garantit une certaine compatibilité entre ses propres matériels. Il s'agit pour lui d'assurer la migration des utilisateurs des systèmes anciens vers les systèmes nouveaux, des petits systèmes vers les systèmes les plus puissants, et non réciproquement.

Le développement des réseaux complique le problème : l'interconnexion de divers systèmes informatiques fait intervenir des couches successives de matériel et de logiciel, donc des niveaux différents de compatibilité :

— protocoles de connexion et protocoles d'accès,

— fonctionnement des terminaux,

— et enfin, langages d'utilisation du réseau.

Une fois la compatibilité assurée, il est possible de changer certains éléments du réseau sans modifier les autres éléments, et sans diminuer la fiabilité et les performances de l'ensemble.

Terme associé : *Portabilité.*

Composants

Pièce élémentaire ou organe entrant dans la composition d'un ensemble.

Dans l'industrie électronique, un composant désigne une pièce élémentaire interconnectable contenant un dispositif électronique tel que résistance, condensateur, tube électronique, transistor, circuit intégré, etc.

Les composants électroniques comprennent principalement les composants passifs (connecteur, résistance, condensateur, etc.) et les composants actifs qui assurent des fonctions d'amplification (tubes, transistors, circuits intégrés, etc.).

Les composants électroniques les plus importants sont actuellement les circuits intégrés qui constituent des dispositifs fonctionnels complexes regroupant sur un même matériau un grand nombre de circuits à transistors.

Termes associés : *Circuits intégrés, microprocesseurs, transistor discret.*

Dégroupage

Méthode de commercialisation des ordinateurs, utilisée par certains constructeurs et consistant à facturer séparément l'ordinateur proprement dit — considéré comme matériel — et les logiciels permettant son utilisation.

Le dégroupage est utilisé en général pour le logiciel d'application. Certains constructeurs commencent à le pratiquer également pour le logiciel de base (système d'exploitation, compilateurs, etc.).

Ce terme est la traduction du mot anglais originel *unbundling.*

Terme associé : *Unbundling.*

L'INFORMATISATION DE LA SOCIÉTÉ

Fibres optiques

Fils souples, de faible diamètre, constitués d'une âme transparente entourée d'une armature d'indice optique différent. Un rayon lumineux, convenablement modulé à l'émission, se propage par réflexion à l'intérieur de la fibre.

Cette technique nouvelle permet en particulier de réaliser des transmissions à très grande vitesse, de grande capacité, peu sensibles aux perturbations extérieures et bien adaptées aux transmissions sur des zones géographiques restreintes.

EXEMPLES

Transmission de données : le CNET, à Lannion, assure une liaison numérique à la vitesse de deux millions de bits par seconde, prévue pour atteindre 8,4 millions de bits/seconde.

Télévision : A Manhattan, une liaison sur plusieurs centaines de mètres propage les images à l'intérieur d'un immeuble.

Téléphonie : Les Bell Telephone Laboratoires transmettent jusqu'à 50 000 conversations téléphoniques simultanées sur un faisceau de 144 fibres optiques dont le diamètre est de un demi-pouce (1,27 cm).

Terme associé : *Voies hertziennes.*

FORTRAN

Langage de programmation — dont le nom est issu de l'abréviation de FORmulation TRANsposée — particulièrement adapté au traitement d'applications scientifiques.

La normalisation relativement poussée de ce langage favorise la portabilité des programmes: Il est de plus en plus utilisé pour la réalisation des logiciels qui assurent la gestion des ressources de l'ordinateur et contrôlent leur mise en œuvre.

Termes associés : *Cobol, langage machine, langage de programmation, logiciel, PL 1, portabilité.*

Langage machine

Tout ordinateur possède un jeu d'instructions exprimées au moyen d'un ou plusieurs mots-machine.

Un programme consiste en la juxtaposition convenable de certaines de ces instructions qui vont décrire et faire exécuter successivement les actions demandées.

Une instruction-machine comporte de façon générale le type de l'instruction, l'adresse en mémoire des paramètres nécessaires et des codes relatifs à des registres particuliers. Ces éléments sont définis numériquement, généralement en binaire, octal, hexadécimal, etc.

Au moment de son exécution un programme est toujours exprimé en langage-machine.

Termes associés : *Assembleur, langage de programmation.*

Langage de programmation

Un langage de programmation est constitué de l'ensemble des actions qui sont susceptibles d'être effectuées lors de l'exécution d'un programme.

Il comprend principalement des instructions arithmétiques et des instructions logiques. Les instructions arithmétiques sont exécutables. Les instructions logiques ont pour objet de modifier l'enchaînement des instructions soit de façon systématique, soit de façon conditionnelle, par exemple en fonction de données ou de résultats antérieurs.

Il comprend en outre des instructions qui assurent la transmission des informations entre les entrées (données) et les sorties (éditions, tracés, visualisations, etc.).

Le programme peut être exprimé soit dans le langage machine propre à l'ordinateur utilisé, soit dans un langage assembleur, soit encore dans un langage évolué tel que Fortran ou Cobol. A l'exception du langage machine, tous les autres langages font intervenir un traducteur ou un compilateur qui assure la correspondance entre les instructions du langage considéré et celles du langage-machine.

Termes associés : *Assembleur, Cobol, Fortran, langage machine, PL 1.*

Logiciel

Ensemble des programmes, procédés et règles, et éventuellement de la documentation, relatifs au fonctionnement d'un système de traitement de l'information.

De plus en plus, grâce à l'évolution de la technologie des composants et des circuits intégrés, certaines fonctions complexes du programme peuvent être intégrées au matériel. (Terme anglais : Firmware.)

Termes associés : *Assembleur, circuit intégré, Fortran, langage de programmation, protocole d'accès, système d'exploitation.*

Mécanographie

Dans l'évolution du traitement automatique de l'information, la mécanographie correspond à l'étape technologique qui a précédé l'informatique proprement dite.

L'INFORMATISATION DE LA SOCIÉTÉ

Chaque matériel, dont la technologie s'appuyait principalement sur des organes mécaniques et électriques, était étroitement spécialisé dans l'exécution de classes de fonctions (telles que tri, interclassements, reproductions, calculs arithmétiques, impressions, etc.) et n'utilisait pour support d'entrée que les cartes ou les rubans perforés.

Micro-informatique

Depuis quelques années sont apparus les circuits intégrés et les microprocesseurs. Ils tendent à être employés en grand nombre dans les matériels les plus divers au même titre qu'un simple composant.

Ils permettent de réaliser des micro-ordinateurs présentés généralement sous forme d'une ou plusieurs cartes de circuits imprimés.

Ces micro-ordinateurs qui commencent à être équipés de petits périphériques et de logiciels peuvent avoir de très nombreuses applications (biens d'équipement, automobile, électro-ménager, photographie, coupleurs divers, etc.). La micro-informatique constitue donc un immense domaine potentiel.

Microprocesseur

Un microprocesseur est constitué d'un circuit intégré permettant de réaliser l'unité centrale d'un micro-ordinateur. Il peut servir directement à cet usage ou être employé dans d'autres fonctions.

EXEMPLES D'UTILISATION :

Unités de commutation dans les réseaux.

Unités de liaison de périphériques dans les grands ordinateurs.

Unités logiques et arithmétiques des terminaux intelligents.

Machines à calculer de poche.

Termes associés : *Circuits intégrés, composants, unité centrale.*

Mini-informatique

Au début des années 60 sont apparus des « mini-ordinateurs ». Composés à l'origine d'une unité centrale miniaturisée et de structure relativement simple, ces matériels étaient dotés d'un logiciel sommaire et s'adressaient essentiellement aux domaines de l'instrumentation, du contrôle de processus, du calcul scientifique en bureau d'études, des systèmes militaires, etc.

Depuis la fin des années 60, les mini-ordinateurs ont pris un essor considérable, en raison de la décroissance des coûts et de la miniaturisation extrême des composants, mais aussi du développement considérable des logiciels. Ils sont dotés désormais de périphériques variés, de logiciels leur permettant de s'adresser à un marché beaucoup plus vaste ; ils forment des gammes très étendues dont les modèles les plus performants peuvent rivaliser (en termes de prix/service rendu) avec les ordinateurs les plus puissants.

Le traitement de l'information par les mini-ordinateurs est parfois désigné sous le nom de mini-informatique.

MODEM

Mot formé avec les trois premières lettres des deux mots « MOdulateur » et « DEModulateur ». Il désigne un appareil permettant de transformer à l'émission des signaux binaires en signaux adaptés à la voie de transmission (fonction de modulation) et, à la réception de les mettre sous la forme adaptée à l'organe de traitement (fonction de démodulation).

Dans les réseaux, les modems assurent les raccordements entre les ordinateurs et les lignes de transmission en effectuant les transcodages et les synchronisations nécessaires.

Terme associé : *Réseaux.*

Péri-Informatique

Ce terme, qui n'a pas d'équivalent en anglais, a été introduit initialement pour désigner un groupement d'industriels français produisant des mini-ordinateurs et des terminaux.

Par extension, il est parfois employé pour désigner un domaine aux contours imprécis : industries et équipements de mini-informatique, périphériques, terminaux et généralement tous équipements auxiliaires utilisés autour d'un ordinateur, soit en mode connecté, soit en mode autonome.

Termes associés : *Micro-informatique, mini-informatique.*

PL 1

Langage de programmation synthétique, peu utilisé actuellement. Il constitue l'illustration commerciale la plus connue d'une tentative pour regrouper les caractéristiques communes des langages adaptés à la gestion et des langages scientifiques.

Termes associés : *Assembleur, Cobol, Fortran, langage de programmation.*

Portabilité

Des programmes sont portables si des systèmes informatiques différents peuvent les exécuter sans modification des logiciels d'application et des données.

La portabilité cherche donc à accroître l'indépendance de l'utilisateur : possibilité de changer les matériels tout en préservant les investissements en logiciel d'application, et utilisation d'autres installations informatiques en cas de panne.

La portabilité intervient à plusieurs niveaux :

— langage d'écriture des applications, ceci pour permettre le passage des programmes d'un compilateur à un autre ;

— fichiers sur bandes magnétiques et sur disques magnétiques dont l'écriture, le code et l'organisation, sont souvent différents d'un constructeur à un autre ;

— structure des logiciels de gestion et des base de données ;

— langage de commande qui définit les logiciels, les fichiers et les ressources (telles que la taille mémoire) à mettre en œuvre pour une application considérée. Ce langage de commande est très étroitement lié au système d'exploitation, donc à la spécificité de chaque système informatique.

Terme associé : *Compatibilité.*

Process de production

Ensemble ordonné des opérations qui contribuent à la fabrication d'un produit.

Certains process de production sont soit continus (par exemple la fabrication du papier), soit discontinus (par exemple la fabrication de biens d'équipement, d'automobiles...).

Les ordinateurs sont utilisés de plus en plus fréquemment dans les process de production pour optimaliser ou rendre automatique la fabrication.

Terme associé : *Automatisme de production.*

Protocole d'accès

Dans un réseau de transmission de données, il faut harmoniser les messages des différents ordinateurs qui sont appelés à échanger des informations.

C'est le protocole d'accès qui, à partir des conventions établies lors de l'élaboration du réseau, assure l'émission ou la réception des messages en assurant ou en contrôlant leur mise en forme, en gérant leurs caractères de contrôle, et en les validant.

Termes associés : *Protocole de connexion, réseaux.*

Protocole de connexion

Dans un réseau ou un circuit, la liaison entre deux éléments s'effectue grâce à un ensemble d'informations conventionnelles échangées dans un mode dialogué, afin de permettre l'établissement de la liaison.

Termes associés : *Protocole d'accès, réseaux.*

Réseaux

A l'origine, la notion de réseau désignait l'ensemble des circuits reliant différentes stations terminales.

Cette notion tend désormais à recouvrir un ensemble d'éléments plus large, c'est-à-dire, non seulement les lignes de transmission, mais aussi les matériels situés aux différents nœuds et essentiellement chargés de fonctions de transmission, et les stations terminales.

La structure des réseaux a aussi subi une évolution. Il s'agissait au début, soit de réseaux hiérarchisés (où plusieurs stations terminales étaient reliées à un même nœud et plusieurs nœuds à une station centrale), soit de réseaux dans lesquels les stations terminales étaient implantées successivement le long d'une ligne bouclée.

Les structures actuelles admettent toutes les formes possibles et notamment plusieurs parcours entre chaque émetteur et chaque destinataire.

Termes associés : *Architecture de système, modem, temps réel, terminal, terminal intelligent, transmic, transmission numérique.*

Réseaux en temps réel

Un réseau en temps réel consiste en un sous-système de terminaux, un réseau de transmission, et un sous-système de traitement travaillant de sorte qu'un certain nombre d'utilisateurs puissent y avoir accès simultanément, chacun d'eux étant satisfait dans un délai et avec une périodicité donnés.

EXEMPLES D'APPLICATION :

Systèmes de réservation de places d'avion ou de train : délai de quelques secondes.

Systèmes de prises de commandes : délai de quelques secondes.

Système d'émission de bulletins de salaires : délai pouvant atteindre quelques heures, périodicité hebdomadaire ou mensuelle.

Termes associés : *Réseaux.*

Robotique

Ensemble des études et des techniques tendant à concevoir des systèmes — incluant ou non des logiciels et des mécanismes — capables de se substituer à l'homme dans ses fonctions motrices, sensorielles et intellectuelles et agissant, soit de façon déterminée a priori, soit par apprentissage.

Termes associés : *Automatique.*

L'INFORMATISATION DE LA SOCIÉTÉ

Système d'exploitation

Le système d'exploitation comprend l'ensemble des logiciels de base, assurant l'exécution des différentes tâches confiées à un système informatique.

Il a notamment pour rôle de se charger de l'enchaînement des travaux en optimisant l'utilisation des ressources internes de l'ordinateur, en gérant automatiquement les entrées-sorties.

Le système d'exploitation permet en outre à de multiples utilisateurs de travailler simultanément en s'ignorant les uns les autres. Il assure aussi une surveillance continue du flot des travaux et de leur état d'avancement.

S'il apporte de nombreux avantages, le système d'exploitation est lui-même un ensemble de programmes qui utilisent une partie des ressources du système informatique et en réduisent de ce fait, les performances.

Termes associés : *Temps partagé, temps réel, traitement par lot.*

Télécopieur

Appareil permettant d'effectuer à distance la reproduction graphique d'une image (texte écrit, graphisme, photographie, etc.).

Une installation de télécopie comporte un émetteur, un système de transmission et un récepteur. A l'émission, l'image à transmettre est balayée par un dispositif optique. A la réception, une image semblable à l'image originelle est produite sur un papier photo-sensible ou électro-sensible grâce à un dispositif qui effectue le même balayage qu'à l'émission.

La transmission utilise soit des signaux analogiques (liaisons à faible distance), soit des signaux numériques.

Le réseau téléphonique standard est fréquemment utilisé en télécopie.

Terme associé : *Bureautique.*

Télé Informatique

Ensemble des techniques informatiques et de télécommunications qui permettent des échanges d'information entre équipements informatiques.

Termes associés : *Informatique, réseaux.*

Temps partagé

Mode de traitement de l'information dans lequel plusieurs utilisateurs exécutent sur un même ordinateur des travaux indépendants. Des tranches de temps sont affectées à chaque utilisateur. Celui-ci peut néanmoins, suivre son propre rythme de travail, car le temps de réponse est tel qu'il peut agir comme si tout le système était sous son contrôle permanent et exclusif.

L'accès de l'utilisateur peut, ou non, s'effectuer en utilisant un réseau de transmission.

Termes associés : *Système d'exploitation, temps réel, traitement par lots.*

Temps réel

Le « temps réel » est le mode de traitement qui permet l'admission des données à un instant quelconque et l'obtention immédiate des résultats.

Cette notion est née à propos de phénomènes physiques pour lesquels le traitement et la réinsertion immédiate des résultats étaient nécessaires. Elle s'est progressivement étendue à tous les process dans lesquels une réponse très rapide s'impose.

Le délai de réponse varie en fonction des contraintes du traitement mais aussi du besoin. Ainsi, dans les systèmes physiques, la réponse immédiate correspond à quelques millisecondes ou reste inférieure à la seconde, alors que dans les interrogations de banques de données, le délai peut être de plusieurs secondes, plusieurs minutes ou même davantage.

Termes associés : *Système d'exploitation, temps partagé, traitement par lots.*

Terminal

Poste d'entrée et/ou de sortie relié à un ordinateur par une transmission de données quelconque, et permettant l'émission et/ou la réception de messages.

EXEMPLES :

Terminal conversationnel.

Terminal graphique.

Termes associés : *Terminal intelligent, unité centrale, unité d'entrée-sortie.*

Terminal intelligent

Terminal ou station terminale regroupant des organes d'entrée, de sortie, et de traitement. Il permet d'effectuer des échanges avec un ordinateur central, mais aussi d'assurer la décentralisation de certaines tâches.

Un terminal intelligent renferme généralement sous une même console : un micro-ordinateur, un tube de visualisation, un clavier alpha-numérique, et un modem de transmission vers l'ordinateur central.

A cette console maîtresse peuvent être connectées par des liaisons simples et à faible distance, d'autres « consoles-esclaves » qui elles sont démunies de micro-ordinateur et permettent de multiplier les postes de travail.

Termes associés : *Terminal, unité centrale, unité d'entrée-sortie.*

L'INFORMATISATION DE LA SOCIÉTÉ

Traitement par lots

Technique d'exploitation suivant laquelle un certain nombre de travaux — comprenant les programmes à exécuter et les données qui s'y rapportent — sont groupés par lots. Ceux-ci sont introduits à la suite les uns des autres et sont traités dans un même passage sur l'ordinateur. Pendant l'exécution du travail, l'utilisateur ne peut modifier, ni l'ordre de passage, ni les conditions d'exploitation.

Termes associés : *Système d'exploitation, temps partagé, temps réel.*

Transistor discret

Un transistor est un dispositif électronique qui utilise les propriétés de matériaux semi-conducteurs (silicium, germanium...) et, grâce à des électrodes connectées extérieurement, permet d'amplifier un courant électrique.

Un « transistor discret », par opposition à un « circuit intégré » désigne un composant électronique dont le boîtier ne contient qu'un seul dispositif transistorisé.

Termes associés : *Circuits intégrés, composants.*

TRANSMIC

Service de transmission d'informations par Modulation d'Impulsions Codées (MIC) prévu par les PTT et destiné à compléter Transpac pour les transmissions à très gros volume.

Termes associés : *Réseaux, transmission numérique.*

Transmission analogique

Transmission de signaux qui varient de façon continue entre deux états et représentent soit une grandeur physique, soit une variable mathématique.

Exemple de transmission analogique : transmission de la parole par le téléphone.

Terme associé : *Transmission numérique.*

Transmission numérique

Transmission de signaux dans laquelle les données sont émises successivement. Chacune d'elles ne peut prendre qu'un nombre fini de valeurs discontinues.

Le plus souvent, des signaux binaires sont utilisés. Chaque donnée est alors codée préalablement en binaire.

Termes associés : *Modem, réseaux, transmission analogique.*

Unbundling

Voir *Dégroupage.*

Unité centrale

L'unité centrale d'un ordinateur comprend les circuits arithmétiques et logiques, les circuits de commande et dans de nombreux cas une mémoire à accès rapide.

Autour de cette unité centrale sont organisés les échanges avec les diverses mémoires (rapide, à disque, etc.), avec les unités d'entrée-sortie.

Plusieurs unités centrales peuvent coexister au sein d'un même système informatique sous des formes diverses : plusieurs unités centrales non hiérarchisées peuvent se partager l'exécution des travaux — par exemple, dans un multiprocesseur — ou bien une (ou plusieurs) unité centrale peut piloter d'autres unités centrales qui dépendent d'elle.

Termes associés : *Architecture de système, microprocesseurs, réseaux, terminal, terminal intelligent, unité d'entrée-sortie.*

Unités d'entrée-sortie

Les unités d'entrée-sortie comprennent tous les organes qui assurent les liaisons de l'unité centrale et de l'extérieur. Ce sont, soit des organes périphériques classiques (lecteur ou perforateur de cartes ou de rubans, dérouleur de bande magnétique, écran de visualisation alpha-numérique ou graphique en mode conventionnel ou non, imprimantes, microfilms...), soit des organes qui assurent des transmissions à distance.

Termes associés : *Terminal, terminal intelligent, unité centrale.*

Voies hertziennes

Les voies hertziennes désignent l'ensemble des transmissions radio-électriques à ondes dirigées, donc toutes celles qui ne s'effectuent pas par câble.

Terme associé : *Zone d'ombre.*

Zone d'ombre

Se dit d'une zone géographique qui ne peut recevoir une transmission radio-électrique en raison de la configuration du terrain, de la nature et du moment de l'émission, ou de conditions de propagation particulières.

Terme associé : *Voie hertzienne.*

Table des matières

IMP. BUSSIÈRE A SAINT-AMAND
D. L. 2e TR. 1978. No 4974 (1177)

Souscrivez, dès à présent, pour recevoir au moment de leur parution, les annexes du présent rapport : "L'informatisation de la société"

Volume I : Nouvelle informatique et nouvelle croissance (350 p.)

1) Réseaux, télécommunications et télématique (Société ICS Conseils)

2) Les banques de données, données scientifiques, techniques et économiques, fonds documentaires (Raimundo Beca)

3) Informatique et macroéconomie - Une première approche (Frédéric Saint-Géours)

4) Société d'information et nouvelle croissance : examen de certaines approches étrangères (Japon, travaux américains) (Philippe Lemoine)

5) Une approche pour évaluation économique des usages de l'informatique (Georges Sicherman)

6) L'informatisation de la société : structures d'analyse dans quelques pays étrangers (Berthe Favier) .... 50 F

Volume II : Industrie et services informatiques (280 p.)

7) L'industrie informatique (développement, politiques et situations dans divers pays) (Jean-Marie Fabre et Thierry Moulonguet)

8) Évolution du marché des matériels informatiques de 1976 à 1980 (Jean-Marie Fabre et Thierry Moulonguet)

9) Les sociétés et services et de conseils en informatique (SSCI) (Francis Bacon et la société ICS Conseils) 40 F

Volume III : La nouvelle informatique et ses utilisateurs (Administrations et entreprises) (240 p.)

10) L'informatique et l'administration française (Philippe Jaffré)

11) Les départements informatiques internes (Alain Taïb)

12) Les moyens et petits utilisateurs (Joël Baur) .... 35 F

Volume IV : Documents contributifs (400 p.)

1) Le tournant Informatique (Raymond Moch)

2) Evolution des performances et des rapports performances/prix des matériels et logiciels (Xavier Dalloz)

3) Que sont les arbres de vie devenus ? - Interrogation sur l'expérience canadienne d'informatisation (Philippe Lemoine)

4) L'introduction de l'informatique dans les activités médicales et de santé (Professeur Funck-Brentano)

5) Les problèmes juridiques soulevés par l'informatisation (Philippe Lemoine)

6) Informatique et pouvoir local (Bertrand Eveno)

7) La prise en compte des conditions de travail dans les décisions d'automatisation administrative (Gérard Rolloy)

8) Recherche et technologies de l'Information (André Danzin)

9) L'informatique et son image (Philippe Lemoine)

10) Les applications avancées de l'Informatisation (Louis Joyeux) .... 60 F

PRIX DE SOUSCRIPTION AUX 4 VOLUMES : 170 F

Bon de commande au dos

bon de commande

Réglement à réception de la Facture

☐ Volume I .... 50 F

☐ Volume II .... 40 F

☐ Volume III .... 35 F

☐ Volume IV .... 60 F

Prix de souscription aux 4 volumes .... 170 F

Nom . . . .

Adresse. . . . .

Ville . . . . .Code postal . . . .

Profession . . . . .Date . . . .

Visa et signature du preneur
en charge de la dépense :

IMPORTANT : ne pas envoyer de chèques aux P.T.T.

 LA DOCUMENTATION FRANÇAISE

29-31 quai Voltaire 75340 Paris-Cedex 07 - Tél. 261-50-10
165, rue Garibaldi 69401 Lyon-Cedex 03 - Tél. 63.23.02
TELEX : 204 826 DOCFRAN PARIS

Collections Points, aux éditions du Seuil.

(Extraits)

Ph. Ariès, *Histoire des populations françaises*.
P. Audibert, *Les Énergies du soleil*.
Y. Bernard et J.-Cl. Colli, *Vocabulaire économique et financier*.
G. Burdeau, *L'État*.
J.-P. Cot et J.-P. Mounier, *Pour une sociologie politique* (2 volumes).
M. Crozier, *La Société bloquée*.
J.-M. Domenach, *Le Sauvage et l'Ordinateur*.
R. Errera, *Les Libertés à l'abandon*.
J. Freund, *Qu'est-ce que la politique?*
R. L. Heilbronner, *Les Grands Économistes*.
Ch. Levinson, *L'Inflation mondiale et les Firmes multinationales*.
E. Morin, *Introduction à une politique de l'homme*.
É. Mossé, *Comprendre l'économie*.
É. Mossé, *Comprendre la politique économique*.
J. M. Poursin, *La Population mondiale*.
J.-M. Poursin, *La Population mondiale*.
R. Rémond, *Introduction à l'histoire de notre temps* (3 volumes).
J.-P. Rioux, *La Révolution industrielle, 1770-1880*.
P. Rosenvallon, *L'Age de l'autogestion*.
W.-W. Rostow, *Les Étapes de la croissance économique*.
M. Stewart, *Keynes*.

Hors collection, aux éditions du Seuil.

Adret, *Travailler deux heures par jour*.
M. Crozier, *L'Acteur et le Système*.
H. Jamous et P. Gremion, *L'Ordinateur au pouvoir*.
M. Lévy, *L'Information statistique*.